LE SAGE

GIL BLAS

DE SANTILLANE,

ILLUSTRÉ PAR VIERGE

DÉCLARATION DE L'AUTEUR

Comme il y a des personnes qui ne sauraient pas lire sans faire des applications des caractères vicieux ou ridicules qu'elles trouvent dans les ouvrages, je déclare à ces lecteurs malins qu'ils auraient tort d'appliquer les portraits qui sont dans le présent livre. J'en fais un aveu public; je ne me suis proposé que de représenter la vie des hommes telle qu'elle est; à Dieu ne plaise que j'aie eu dessein de désigner quelqu'un en particulier! Qu'aucun lecteur ne prenne donc pour lui ce qui peut convenir à d'autres aussi bien qu'à lui; autrement, comme dit Phèdre, il se fera connaître mal à propos : Stulte nudabit animi conscientiam (1).

On voit en Castille, comme en France, des médecins dont la méthode est de faire un peu trop saigner leurs malades. On voit partout les mêmes vices et les mêmes originaux. J'avoue que je n'ai pas toujours exactement suivi les mœurs espagnoles; et ceux qui savent dans quel désordre vivent les comédiennes de Madrid pourraient me reprocher de n'avoir pas fait une peinture assez forte de leurs déréglements; mais j'ai cru devoir les adoucir, pour les conformer à nos manières.

(1) Quiconque en mes portraits se sera reconnu
Mettra sa conscience et sa sottise à nu.
(Prologue du liv. III des Fables de Phèdre.)

GIL BLAS AU LECTEUR

Avant que d'entendre l'histoire de ma vie, écoute, ami Lecteur, un conte que je vais te faire.

Deux écoliers allaient ensemble de Penafiel à Salamanque. Se sentant las et altérés, ils s'arrêtèrent au bord d'une fontaine qu'ils rencontrèrent sur leur chemin. Là, tandis qu'ils se délassaient après s'être désaltérés, ils aperçurent, par hasard, auprès d'eux, sur une pierre à fleur de terre, quelques mots déjà un peu effacés par le temps et par les pieds des troupeaux qu'on venait abreuver à cette fontaine. Ils jetèrent de l'eau sur la pierre pour la laver, et ils lurent ces paroles castillanes : « Aqui està encerrada el alma del licenciado Pedro « Garcias : *Ici est enfermée l'âme du licencié Pierre Garcias.* »

Le plus jeune des écoliers, qui était vif et étourdi, n'eut pas achevé de lire l'inscription, qu'il dit en riant de toute sa force : « Rien n'est plus plaisant! Ici est enfermée l'âme... Une âme enfermée!... Je voudrais savoir quel original a pu faire une si ridicule épitaphe. » *En achevant ces mots, il se leva pour s'en aller. Son compagnon, plus judicieux, dit en lui-même :* « Il y a là-dessous quelque mystère; je veux demeurer ici pour l'éclaircir. » *Celui-ci laissa donc partir l'autre, et, sans perdre de temps, se mit à creuser avec son couteau tout autour de la pierre. Il fit si bien qu'il l'enleva. Il trouva dessous une bourse de cuir qu'il ouvrit. Il y avait dedans cent ducats, avec une carte sur laquelle étaient écrites ces paroles en latin :* « Sois mon héritier, toi qui as eu assez d'esprit pour démêler le sens de l'inscription, et fais un meilleur usage que moi de mon argent. » *L'écolier, ravi de cette découverte, remit la pierre comme elle était auparavant, et reprit le chemin de Salamanque avec l'âme du licencié.*

Qui que tu sois, ami Lecteur, tu vas ressembler à l'un ou à l'autre de ces deux écoliers. Si tu lis mes aventures sans prendre garde aux instructions morales qu'elles renferment, tu ne tireras aucun fruit de cet ouvrage; mais, si tu le lis avec attention, tu y trouveras, suivant le précepte d'Horace, l'utile mêlé avec l'agréable.

LIVRE PREMIER

CHAPITRE PREMIER

De la naissance de Gil Blas et de son éducation.

Blas de Santillane, mon père, après avoir longtemps porté les
armes pour le service de la monarchie espagnole, se retira dans la
ville où il avait pris naissance. Il y épousa une petite bourgeoise qui
n'était plus dans sa première jeunesse, et je vins au monde dix mois
après leur mariage. Ils allèrent ensuite demeurer à Oviédo, où ils
furent obligés de se mettre en condition; ma mère devint femme de
chambre, et mon père écuyer. Comme ils n'avaient pour tout bien
que leurs gages, j'aurais couru risque d'être assez mal élevé, si je

n'eusse pas eu dans la ville un oncle chanoine. Il se nommait Gil Perez. Il était frère aîné de ma mère et mon parrain. Représentez-vous un petit homme haut de trois pieds et demi, extraordinairement gros, avec une tête enfoncée entre les deux épaules : voilà mon oncle. Au reste, c'était un ecclésiastique qui ne songeait qu'à bien vivre, c'est-à-dire qu'à faire bonne chère; et sa prébende, qui n'était pas mauvaise, lui en fournissait les moyens.

Il me prit chez lui dès mon enfance, et se chargea de mon éducation. Je lui parus si éveillé, qu'il résolut de cultiver mon esprit. Il m'acheta un alphabet, et entreprit de m'apprendre lui-même à lire; ce qui ne lui fut pas moins utile qu'à moi; car, en me faisant connaître mes lettres, il se remit à la lecture, qu'il avait toujours fort négligée, et, à force de s'y appliquer, il parvint à lire couramment son bréviaire, ce qu'il n'avait jamais fait auparavant. Il aurait encore bien voulu m'enseigner la langue latine; c'eût été autant d'argent épargné pour lui; mais, hélas! le pauvre Gil Perez! il n'en avait de sa vie su les premiers principes; c'était peut-être, (car je n'avance pas cela comme un fait certain), le chanoine du chapitre le plus ignorant : aussi, j'ai ouï dire qu'il n'avait pas obtenu son bénéfice par son érudition; il le devait uniquement à la reconnaissance de quelques bonnes religieuses dont il avait été le discret commissionnaire, et qui avaient eu le crédit de lui faire donner l'ordre de prêtrise sans examen.

Il fut donc obligé de me mettre sous la férule d'un maître : il m'envoya chez le docteur Godinez, qui passait pour le plus habile pédant d'Oviédo. Je profitai si bien des instructions qu'on me donna, qu'au bout de cinq ou six années j'entendis un peu les auteurs grecs et assez bien les poëtes latins. Je m'appliquai aussi à la logique, qui m'apprit à raisonner beaucoup. J'aimais tant la dispute, que j'arrêtais les passants, connus ou inconnus, pour leur proposer des arguments. Je m'adressais quelquefois à des figures hibernoises (1) qui ne demandaient pas mieux, et il fallait alors nous voir disputer! Quels gestes! quelles grimaces! quelles contorsions! Nos yeux étaient pleins de fureur, et nos bouches écumantes; on nous devait plutôt prendre pour des possédés que pour des philosophes.

Je m'acquis toutefois par là, dans la ville, la réputation de savant. Mon oncle en fut ravi, parce qu'il fit réflexion que je cesserais bientôt

_____

(1) Hibernie était l'ancien nom de l'Irlande; on dit encore, en Espagne, un répétiteur hibernois, une figure hibernoise.

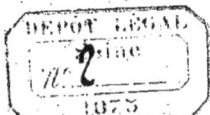

« ... Qui va là ?... » page 20.

de lui être à charge. « Or çà, Gil Blas, me dit-il un jour, le temps de
ton enfance est passé. Tu as déjà dix-sept ans, et te voilà devenu
habile garçon : il faut songer à te pousser. Je suis d'avis de t'envoyer
à l'université de Salamanque : avec l'esprit que je te vois, tu ne
manqueras pas de trouver un bon poste. Je te donnerai quelques
ducats pour faire ton voyage, avec ma mule qui vaut bien dix à douze

pistoles; tu la vendras à Salamanque, et tu en emploieras l'argent à
t'entretenir jusqu'à ce que tu sois placé. »

Il ne pouvait rien me proposer qui me fut plus agréable; car je
mourais d'envie de voir le pays. Cependant j'eus assez de force sur
moi pour cacher ma joie; et, lorsqu'il fallut partir, ne paraissant
sensible qu'à la douleur de quitter un oncle à qui j'avais tant d'obligations, j'attendris le bonhomme, qui me donna plus d'argent qu'il
ne m'en aurait donné s'il eût pu lire au fond de mon âme. Avant mon
départ, j'allai embrasser mon père et ma mère qui ne m'épargnèrent
pas les remontrances. Ils m'exhortèrent à prier Dieu pour mon oncle,
à vivre en honnête-homme, à ne me point engager dans de mauvaises
affaires, et, sur toutes choses, à ne pas prendre le bien d'autrui. Après
qu'ils m'eurent très-longtemps harangué, ils me firent présent de
leur bénédiction, qui était le seul bien que j'attendais d'eux. Aussitôt
je montai sur ma mule, et sortis de la ville.

CHAPITRE II

Des alarmes qu'il eut en allant à Pegnaflor; de ce qu'il fit en
arrivant dans cette ville, et avec quel homme il soupa.

Me voilà donc hors d'Oviédo, sur le chemin de Pegnaflor, au milieu
de la campagne, maître de mes actions, d'une mauvaise mule et de
quarante ducats, sans compter quelques réaux que j'avais volés à
mon très-honoré oncle. La première chose que je fis fut de laisser
ma mule aller à discrétion, c'est-à-dire au petit pas. Je lui mis la
bride sur le cou, et, tirant de ma poche mes ducats, je commençai

à les compter et recompter dans mon chapeau. Je n'avais jamais vu
tant d'argent; je ne pouvais me lasser de le regarder et de le manier.
Je le comptais peut-être pour la vingtième fois, quand tout à coup
ma mule, levant la tête et les oreilles, s'arrêta au milieu du grand
chemin. Je jugeai que quelque chose l'effrayait; je regardai ce que
ce pouvait être : j'aperçus sur la terre un chapeau renversé, sur lequel
il y avait un rosaire à gros grains, et, en même temps, j'entendis
une voix lamentable qui prononça ces paroles :
« Seigneur passant, ayez pitié, de grâce, d'un pauvre soldat
estropié; jetez, s'il vous plaît, quelques pièces d'argent dans ce
chapeau; vous en serez récompensé dans l'autre monde. »
Je tournai aussitôt les yeux du côté que partait la voix; je vis, au
pied d'un buisson, à vingt ou trente pas de moi, une espèce de soldat
qui, sur deux bâtons croisés, appuyait le bout d'une escopette qui
me parut plus longue qu'une pique, et avec laquelle il me couchait
en joue. A cette vue, qui me fit trembler pour le bien de l'Église,
je m'arrêtai court; je serrai promptement mes ducats, je tirai
quelques réaux, et, m'approchant du chapeau disposé à recevoir
la charité des fidèles effrayés, je les jetai dedans l'un après l'autre,
pour montrer au soldat que j'en usais noblement. Il fut satisfait
de ma générosité, et me donna autant de bénédictions que je donnai de coups de pied dans les flancs de ma mule, pour m'éloigner
promptement de lui; mais la maudite bête, trompant mon impatience, n'en alla pas plus vite : la longue habitude qu'elle avait
de marcher pas à pas, sous mon oncle, lui avait fait perdre l'usage
du galop.

Je ne tirai pas de cette aventure un augure favorable pour mon
voyage. Je me représentai que je n'étais pas encore à Salamanque,
et que je pourrais bien faire une plus mauvaise rencontre. Mon oncle me
parut très-imprudent de ne m'avoir pas mis entre les mains d'un
muletier. C'était, sans doute, ce qu'il aurait dû faire; mais il avait
songé qu'en me donnant sa mule mon voyage me coûterait moins,
et il avait plus pensé à cela qu'aux périls que je pouvais courir
en chemin.

Ainsi, pour réparer sa faute, je résolus, si j'avais le bonheur
d'arriver à Pegnaflor, d'y vendre ma mule, et de prendre la voie du
muletier pour aller à Astorga, d'où je me rendrais à Salamanque
par la même voiture. Quoique je ne fusse jamais sorti d'Oviédo, je
n'ignorais pas le nom des villes par où je devais passer; je m'en étais
fait instruire avant mon départ.

J'arrivai heureusement à Pegnaflōr : je m'arrêtai à la porte d'une hôtellerie d'assez bonne apparence. Je n'eus pas mis pied à terre, que l'hôte vint me recevoir fort civilement; il détacha lui-même ma valise, la chargea sur ses épaules, et me conduisit à une chambre, pendant qu'un de ses valets menait ma mule à l'écurie.

Cet hôte, le plus grand babillard des Asturies, et aussi prompt à conter, sans nécessité, ses propres affaires que curieux de savoir celles d'autrui, m'apprit qu'il se nommait André Corcuelo; qu'il avait servi longtemps dans les armées du roi en qualité de sergent, et que, depuis quinze mois, il avait quitté le service pour épouser une fille de Castropol, qui, bien que tant soit peu basanée, ne laissait pas de faire valoir le bouchon. Il me dit encore une infinité d'autres choses que je me serais fort bien passé d'entendre.

Après cette confidence, se croyant en droit de tout exiger de moi, il me demanda d'où je venais, où j'allais, et qui j'étais. A quoi il me fallut répondre article par article, parce qu'il accompagnait d'une profonde révérence chaque question qu'il me faisait, en me priant, d'un air si respectueux, d'excuser sa curiosité, que je ne pouvais me défendre de la satisfaire. Cela m'engagea dans un long entretien avec lui, et me donna lieu de parler du dessein et des raisons que j'avais de me défaire de ma mule, pour prendre la voie du muletier; ce qu'il approuva fort, non succinctement, car il me représenta, là-dessus, tous les accidents fâcheux qui pouvaient m'arriver sur la route; il me rapporta même plusieurs histoires sinistres de voyageurs. Je croyais qu'il n'en finirait pas. Il finit pourtant, en disant que, si je voulais vendre ma mule, il connaissait un honnête maquignon qui l'achèterait. Je lui témoignai qu'il me ferait plaisir de l'envoyer chercher : il y alla sur-le-champ lui-même avec empressement.

Il revint bientôt accompagné de son homme qu'il me présenta, et dont il me loua fort la probité. Nous entrâmes tous trois dans la cour, où l'on amena ma mule. On la fit passer et repasser devant le maquignon, qui se mit à l'examiner depuis les pieds jusqu'à la tête. Il ne manqua pas d'en dire beaucoup de mal. J'avoue qu'on n'en pouvait dire beaucoup de bien; mais, quand ç'aurait été la mule du pape, il y aurait trouvé à redire. Il assurait donc qu'elle avait tous les défauts du monde; et, pour mieux me le persuader, il en attestait l'hôte, qui, sans doute, avait ses raisons pour en convenir.

« Eh bien! me dit froidement le maquignon, combien prétendez-vous vendre ce vilain animal-là? »

Après l'éloge qu'il m'en avait fait, et l'attestation du seigneur
Corcuelo, que je croyais homme sincère et bon connaisseur, j'aurais donné ma mule pour rien : c'est pourquoi je dis au marchand
que je m'en rapportais à sa bonne foi ; qu'il n'avait qu'à priser la
bête en conscience, et que je m'en tiendrais à sa prisée. Alors,
faisant l'homme d'honneur, il me répondit qu'en intéressant sa
conscience je le prenais par son faible. Ce n'était pas effectivement par son fort, car, au lieu de faire monter l'estimation à dix ou
douze pistoles, comme mon oncle, il n'eut pas honte de la fixer à
trois ducats, que je reçus avec autant de joie que si j'eusse gagné à
ce marché-là.

Après m'être si avantageusement défait de ma mule, l'hôte me
mena chez un muletier qui devait partir le lendemain pour Astorga.
Ce muletier me dit qu'il partirait avant le jour, et qu'il aurait soin
de me venir réveiller. Nous convînmes du prix, tant pour le louage
d'une mule que pour ma nourriture ; et, quand tout fut réglé entre
nous, je m'en retournai vers l'hôtellerie avec Corcuelo, qui, chemin
faisant, se mit à raconter l'histoire de ce muletier. Il m'apprit tout
ce qu'on en disait dans la ville. Enfin, il allait de nouveau m'étourdir
de son babil importun, si, par bonheur, un homme assez bien fait
ne fût venu l'interrompre en l'abordant avec beaucoup de civilité.
Je les laissai ensemble et continuai mon chemin, sans soupçonner
que j'eusse la moindre part à leur entretien.

Je demandai à souper, dès que je fus dans l'hôtellerie. C'était un
jour maigre : on m'accommoda des œufs. Pendant qu'on me les
apprêtait, je liai conversation avec l'hôtesse, que je n'avais point
encore vue. Elle me parut assez jolie ; et je trouvai ses allures si
vives, que j'aurais bien jugé, quand son mari ne me l'aurait pas dit,
que ce cabaret devait être fort achalandé. Lorsque l'omelette qu'on
me faisait fut en état de m'être servie, je m'assis tout seul à une
table. Je n'avais pas encore mangé le premier morceau, que l'hôte
entra, suivi de l'homme qui l'avait arrêté dans la rue. Ce cavalier
portait une longue rapière, et pouvait bien avoir trente ans. Il s'approcha de moi d'un air empressé : « Seigneur écolier, me dit-il, je
viens d'apprendre que vous êtes le seigneur Gil Blas de Santillane,
l'ornement d'Oviédo et le flambeau de la philosophie. Est-il bien
possible que vous soyez ce savantissime, ce bel esprit dont la réputation est si grande en ce pays-ci ? Vous ne savez pas, continua-t-il
en s'adressant à l'hôte et à l'hôtesse, vous ne savez pas ce que vous
possédez ; vous avez un trésor dans votre maison : vous voyez dans

ce jeune gentilhomme la huitième merveille du monde. » Puis, se tournant de mon côté, et me jetant les bras au cou : « Excusez mes transports, ajouta-t-il; je ne suis point maître de la joie que votre présence me cause. »

Je ne pus lui répondre sur-le-champ, parce qu'il me tenait si serré que je n'avais pas la respiration libre, et ce ne fut qu'après que j'eus la tête dégagée de l'embrassade, que je lui dis : « Seigneur cavalier, je ne croyais pas mon nom connu à Pegnaflor. — Comment, connu! reprit-il sur le même ton; nous tenons registre de tous les grands personnages qui sont à vingt lieues à la ronde. Vous passez ici pour un prodige; et je ne doute pas que l'Espagne ne se trouve un jour aussi vaine de vous avoir produit, que la Grèce d'avoir vu naître ses sages. » Ces paroles furent suivies d'une nouvelle accolade, qu'il me fallut encore essuyer, au hasard d'avoir le sort d'Antée. Pour peu que j'eusse eu d'expérience, je n'aurais pas été la dupe de ses démonstrations, ni de ses hyperboles; j'aurais bien connu, à ses flatteries outrées, que c'était un de ces parasites que l'on trouve dans toutes les villes, et qui, dès qu'un étranger arrive, s'introduisent auprès de lui pour remplir leur ventre à ses dépens; mais ma jeunesse et ma vanité m'en firent juger tout autrement. Mon admirateur me parut un fort honnête homme, et je l'invitai à souper avec moi. « Ah! très-volontiers, s'écria-t-il; je sais trop bon gré à mon étoile de m'avoir fait rencontrer l'illustre Gil Blas de Santillane, pour ne pas jouir de ma bonne fortune le plus longtemps que je pourrai. Je n'ai pas grand appétit, poursuivit-il; je vais me mettre à table pour vous tenir compagnie seulement, et je mangerai quelques morceaux par complaisance. »

En parlant ainsi, mon panégyriste s'assit vis-à-vis de moi. On lui apporta un couvert. Il se jeta d'abord sur l'omelette avec tant d'avidité, qu'il semblait n'avoir mangé de trois jours. A l'air complaisant dont il s'y prenait, je vis bien qu'elle serait bientôt expédiée. J'en ordonnai une seconde, qui fut faite si promptement, qu'on nous la servit comme nous achevions, ou plutôt comme il achevait de manger la première. Il procédait pourtant d'une vitesse toujours égale, et trouvait moyen, sans perdre un coup de dent, de me donner louanges sur louanges; ce qui me rendait fort content de ma petite personne. Il buvait aussi fort souvent; tantôt c'était à ma santé, et tantôt à celle de mon père et de ma mère, dont il ne pouvait assez vanter le bonheur d'avoir un fils tel que moi. En même temps, il versait du vin dans mon verre, et m'excitait à lui faire raison. Je ne

répondais pas mal aux santés qu'il me portait; ce qui, avec ses flatteries, me mît insensiblement de si belle humeur, que, voyant notre
seconde omelette à moitié mangée, je demandai à l'hôte s'il n'avait
pas de poisson à nous donner. Le seigneur Corcuelo, qui, selon toutes
les apparences, s'entendait avec le parasite, me répondit : « J'ai une
truite excellente; mais elle coûtera cher à ceux qui la mangeront :
c'est un morceau trop friand pour vous. » — « Qu'appelez-vous trop
friand? dit alors mon flatteur d'un ton de voix élevé; vous n'y pensez
pas, mon ami : apprenez que vous n'avez rien de trop bon pour le
seigneur Gil Blas de Santillane, qui mérite d'être traité comme un
prince. »

Je fus bien aise qu'il eût relevé les dernières paroles de l'hôte, et
il ne fit en cela que me prévenir. Je m'en sentais offensé, et je dis
fièrement à Corcuelo : « Apportez-nous votre truite, et ne vous em-
barrassez pas du reste. » L'hôte, qui ne demandait pas mieux, se mit
à l'apprêter, et ne tarda guère à nous la servir. A la vue de ce nouveau plat, je vis briller une grande joie dans les yeux du parasite
qui fit paraître une nouvelle complaisance, c'est-à-dire qu'il donna
sur le poisson comme il avait donné sur les œufs. Il fut pourtant
obligé de se rendre, de peur d'accident, car il en avait jusqu'à la
gorge. Enfin, après avoir bu et mangé tout son soûl, il voulut finir
la comédie. « Seigneur Gil Blas, me dit-il en se levant de table, je
suis trop content de la bonne chère que vous m'avez faite pour vous
quitter sans vous donner un avis important dont vous paraissez
avoir besoin : Soyez désormais en garde contre les louanges. Défiez-
vous des gens que vous ne connaîtrez point. Vous en pourrez rencontrer d'autres qui voudront, comme moi, se divertir de votre
crédulité, et peut-être pousser les choses un peu plus loin; n'en
soyez point la dupe, et ne vous croyez point, sur leur parole, la
huitième merveille du monde. » En achevant ces mots, il me rit au
nez, et s'en alla.

Je fus aussi sensible à cette baie que je l'ai été, dans la suite, aux
plus grandes disgrâces qui me sont arrivées. Je ne pouvais me consoler de m'être laissé tromper si grossièrement, ou, pour mieux
dire, de sentir mon orgueil humilié. Eh quoi! dis-je, le traître s'est
donc joué de moi! Il n'a tantôt abordé mon hôte que pour lui tirer
les vers du nez, ou plutôt, ils étaient d'intelligence tous deux. Ah!
pauvre Gil Blas, meurs de honte d'avoir donné à ces frippons un
juste sujet de te tourner en ridicule. Ils vont composer, de tout ceci,
une belle histoire qui pourra bien aller jusqu'à Oviédo, et qui t'y

« ... Le capitaine parla le premier, en ces termes : ... » page 26.

fera beaucoup d'honneur. Tes parents se repentiront, sans doute, d'avoir tant harangué un sot : loin de m'exhorter à ne tromper personne, ils devaient me recommander de ne pas me laisser duper. Agité de ces pensées mortifiantes, enflammé de dépit, je m'enfermai dans ma chambre et me mis au lit; mais je ne pus dormir, et je n'avais pas encore fermé l'œil, lorsque le muletier me vint avertir

qu'il n'attendait plus que moi pour partir. Je me levai aussitôt; et,
pendant que je m'habillais, Corcuelo arriva avec un mémoire de la
dépense, dans lequel la truite n'était pas oubliée; et, non-seulement
il m'en fallut passer par où il voulut, mais j'eus encore le chagrin,
en lui livrant mon argent, de m'apercevoir que le bourreau se res-
souvenait de mon aventure. Après avoir bien payé un souper dont
j'avais fait si désagréablement la digestion, je me rendis chez le
muletier, avec ma valise, en donnant à tous les diables le parasite,
l'hôte et l'hôtellerie.

CHAPITRE III

De la tentation qu'eut le muletier sur la route ;
quelle en fut la suite, et comment Gil Blas tomba dans Carybde
en voulant éviter Scylla.

Je ne me trouvai pas seul avec le muletier : il y avait deux enfants
de famille de Pegnaflor, un petit chantre de Mondognedo, qui courait
le pays, et un jeune bourgeois d'Astorga, qui s'en retournait chez
lui avec une jeune personne qu'il venait d'épouser à Verco. Nous
fîmes tous connaissance en peu de temps ; et chacun eut bientôt dit
d'où il venait et où il allait. La nouvelle mariée, quoique jeune, était
si noire et si peu piquante, que je ne prenais pas grand plaisir à la
regarder : cependant sa jeunesse et son embonpoint donnèrent dans
la vue du muletier, qui résolut de faire une tentative pour obtenir
ses bonnes grâces. Il passa la journée à méditer ce beau dessein, et
il en remit l'exécution à la dernière couchée. Cet fut à Cacabelos. Il
nous fit descendre à la première hôtellerie en entrant. Cette maison
était plus dans la campagne que dans le bourg, et il en connaissait
l'hôte pour un homme discret et complaisant. Il eut soin de nous
faire conduire dans une chambre écartée, où il nous laissa souper
tranquillement ; mais, sur la fin du repas, nous le vîmes entrer d'un
air furieux : « Par la mort ! s'écria-t-il, on m'a volé. J'avais, dans un
sac de cuir, cent pistoles ; il faut que je les retrouve. Je vais chez le
juge du bourg, qui n'entend pas raillerie là-dessus, et vous allez
tous avoir la question, jusqu'à ce que vous ayez confessé le crime et
rendu l'argent. » En disant cela d'un air fort naturel, il sortit, et
nous demeurâmes dans un extrême étonnement.

Il ne nous vint pas dans l'esprit que ce pouvait être une feinte,
parce que nous ne nous connaissions point assez pour pouvoir répondre les uns des autres. Je dirai plus, je soupçonnai le petit chantre
d'avoir fait le coup, comme il eut peut-être de moi la même pensée.
D'ailleurs, nous étions tous de jeunes sots. Nous ne savions pas
quelles formalités s'observent en pareil cas : nous crûmes de bonne.

fois qu'on commencerait par nous mettre à la gêne. Ainsi, cédant à
notre frayeur, nous sortimes de la chambre fort brusquement. Les
uns gagnent la rue, les autres le jardin; chacun cherche son salut
dans la fuite : et le jeune bourgeois d'Astorga, aussi troublé que nous
de l'idée de la question, se sauva comme un autre Énée, sans s'embarrasser de sa femme. Alors le muletier, à ce que j'appris dans la
suite, plus incontinent que ses mulets, ravi de voir que son strata-
gème produisait l'effet qu'il en avait attendu, alla vanter cette ruse
ingénieuse à la bourgeoise, et tâcher de profiter de l'occasion; mais
cette Lucrèce des Asturies, à qui la mauvaise mine de son tentateur
prêtait de nouvelles forces, fit une vigoureuse résistance et poussa
de grands cris. La patrouille qui, par hasard, en ce moment, se
trouva près de l'hôtellerie, qu'elle connaissait pour un lieu digne de
son attention, y entra et demanda la cause de ces cris. L'hôte, qui
chantait dans sa cuisine et feignait de ne rien entendre, fut obligé
de conduire le commandant et ses archers à la chambre de la personne qui criait. Ils arrivèrent bien à propos : l'Asturienne n'en
pouvait plus. Le commandant, homme grossier et brutal, ne vit pas
plutôt de quoi il s'agissait, qu'il donna cinq ou six coups du bois de
sa hallebarde à l'amoureux muletier, en l'apostrophant dans des
termes dont la pudeur n'était guère moins blessée que de l'action
même qui les lui suggérait. Ce ne fut pas tout : il se saisit du coupable, et le mena devant le juge avec l'accusatrice, qui, malgré le
désordre où elle était, voulut aller elle-même demander justice de
cet attentat. Le juge l'écouta, et, l'ayant attentivement considérée,
jugea que l'accusé était indigne de pardon. Il le fit dépouiller sur-le-
champ et fustiger en sa présence; puis il ordonna que, le lendemain,
si le mari de l'Asturienne ne paraissait point, deux archers, aux
frais et dépens du délinquant, escorteraient la complaignante jusqu'à
la ville d'Astorga.

Pour moi, plus épouvanté, peut-être, que tous les autres, je
gagnai la campagne; je traversai je ne sais combien de champs et de
bruyères, et, sautant tous les fossés que je trouvais sur mon passage,
j'arrivai enfin auprès d'une forêt. J'allais m'y jeter et me cacher dans
le plus épais hallier, lorsque deux hommes à cheval s'offrirent, tout
à coup, au-devant de mes pas. Ils crièrent : « Qui va-là? » et, comme
ma surprise ne me permit pas de répondre sur-le-champ, ils s'ap-
prochèrent de moi; et, me mettant chacun un pistolet sur la gorge,
ils me sommèrent de leur apprendre qui j'étais, d'où je venais, ce
que je voulais aller faire dans cette forêt, et surtout de ne rien leur

déguiser. A cette manière d'interroger, qui me parut bien valoir la question dont le muletier nous avait fait fête, je leur répondis que j'étais un jeune homme d'Oviédo qui allais à Salamanque : je leur contai même l'alarme qu'on venait de nous donner, et j'avouai que la crainte d'être appliqué à la torture m'avait fait prendre la fuite. Ils firent un éclat de rire à ce discours qui marquait ma simplicité ; et l'un des deux me dit : « Rassure-toi, mon ami ; viens avec nous, et ne crains rien ; nous allons te mettre en sûreté. » A ces mots, il me fit monter en croupe sur son cheval, et nous nous enfonçâmes dans la forêt.

Je ne savais pas ce que je devais penser de cette rencontre ; je n'en augurais pourtant rien de sinistre. Si ces gens-ci, disais-je en moi-même, étaient des voleurs, ils m'auraient volé et, peut-être, assassiné. Il faut que ce soient de bons gentilshommes de ce pays-ci, qui, me voyant effrayé, ont pitié de moi, et m'emmènent chez eux par charité. Je ne fus pas longtemps dans l'incertitude. Après quelques détours que nous fîmes dans un grand silence, nous nous trouvâmes au pied d'une colline, où nous descendîmes de cheval : « C'est ici que nous demeurons, » me dit un des cavaliers. J'avais beau regarder de tous côtés, je n'apercevais ni maison, ni cabane, pas la moindre apparence d'habitation. Cependant ces deux hommes levèrent une grande trappe de bois, couverte de broussailles, qui cachait l'entrée d'une longue allée en pente et souterraine, où les chevaux se jetèrent d'eux-mêmes, comme des animaux qui y étaient accoutumés. Les cavaliers m'y firent entrer avec eux ; puis, baissant la trappe avec des cordes qui y étaient attachées pour cet effet, voilà le digne neveu de mon oncle Perez pris comme un rat dans une ratière.

CHAPITRE IV

Description du souterrain, et quelles choses y fit Gil Blas.

Je connus alors avec quelle sorte de gens j'étais, et l'on peut bien juger que cette connaissance m'ôta ma première crainte. Une frayeur plus grande et plus juste vint s'emparer de mes sens; je crus que j'allais perdre la vie avec mes ducats. Ainsi, me regardant comme une victime qu'on conduit à l'autel, je marchais, déjà plus mort que vif, entre mes deux conducteurs, qui, sentant bien que je tremblais, m'exhortaient inutilement à ne rien craindre. Quand nous eûmes fait environ deux cents pas, en tournant et en descendant toujours, nous entrâmes dans une écurie qu'éclairaient deux grosses lampes de fer pendues à la voûte. Il y avait une bonne provision de paille et plusieurs tonneaux remplis d'orge. Vingt chevaux y pouvaient être à l'aise; mais il n'y avait alors que les deux qui venaient d'arriver. Un vieux nègre, qui paraissait pourtant assez vigoureux, se mit à les attacher au ratelier.

Nous sortîmes de l'écurie; et, à la triste lueur de quelques autres lampes, qui semblaient n'éclairer ces lieux que pour en montrer l'horreur, nous parvînmes à une cuisine, où une vieille femme faisait rôtir des viandes sur un brasier, et préparait le souper. La cuisine était ornée des ustensiles nécessaires, et, tout auprès, on voyait une office pourvue de toutes sortes de provisions. La cuisinière (il faut que j'en fasse le portrait) était une personne de soixante et quelques années. Elle avait eu, dans sa jeunesse, les cheveux d'un blond très-ardent; car le temps ne les avait pas si bien blanchis, qu'ils n'eussent encore quelques nuances de leur première couleur. Outre un teint olivâtre, elle avait un menton pointu et relevé, avec des lèvres fort enfoncées; un grand nez aquilin lui descendait sur la bouche, et ses yeux paraissaient d'un très-beau rouge pourpré.

« Tenez, dame Léonard, dit un des cavaliers en me présentant à ce bel ange des ténèbres, voici un jeune garçon que nous vous amenons. » Puis il se tourna de mon côté, et, remarquant que j'étais pâle et défait : « Mon ami, me dit-il, reviens de ta frayeur, on ne te veut faire aucun mal. Nous avions besoin d'un valet pour soulager notre cuisinière; nous t'avons rencontré, cela est heureux pour toi. Tu tiendras ici la place d'un pauvre garçon qui s'est laissé mourir depuis quinze jours. C'était un jeune homme d'une complexion très-délicate. Tu me parais plus robuste que lui : tu ne mourras pas sitôt. Véritablement tu ne reverras plus le soleil; mais, en récompense, tu feras bonne chère et bon feu. Tu passeras tes jours avec Léonarde, qui est une créature fort humaine : tu auras toutes tes petites commodités. Je veux te faire voir, ajouta-t-il, que tu n'es pas ici avec des gueux. » En même temps, il prit un flambeau et m'ordonna de le suivre.

Il me mena dans une cave, où je vis une infinité de bouteilles et de pots de terre bien bouchés, qui étaient pleins, disait-il, d'un vin excellent. Ensuite, il me fit traverser plusieurs chambres. Dans les unes, il y avait des pièces de toile; dans les autres, des étoffes de laine et des étoffes de soie. J'aperçus, dans une autre, de l'or et de l'argent, sans compter beaucoup de vaisselle à diverses armoiries. Après cela, je le suivis dans un grand salon que trois lustres de cuivre éclairaient, et qui servait de communication à d'autres chambres. Il me fit là de nouvelles questions. Il me demanda comment je me nommais, pourquoi j'étais sorti d'Oviédo; et, lorsque j'eus satisfait sa curiosité : « Eh bien! Gil Blas, me dit-il, puisque tu n'as quitté ta patrie que pour chercher quelque bon poste, il faut que tu sois né coiffé, pour être tombé entre nos mains. Je te l'ai déjà dit, tu vivras ici dans l'abondance, et rouleras sur l'or et sur l'argent. D'ailleurs, tu y seras en sûreté. Tel est ce souterrain, que les officiers de la sainte Hermanda (1) viendraient cent fois dans cette forêt sans le découvrir. L'entrée n'en est connue que de moi seul et de mes camarades. Peut-être me demanderas-tu comment nous l'avons pu faire sans que les habitants des environs s'en soient aperçus; mais apprends, mon ami, que ce n'est pas notre ouvrage et qu'il est fait depuis longtemps. Après que les Maures se furent rendus maître de Grenade, de l'Aragon, et de presque toute l'Espagne, les chrétiens, qui ne voulurent point subir le joug des infidèles, prirent la fuite et vinrent se cacher dans ce pays-ci, dans la Biscaye, et dans les Asturies, où le vaillant don Pélage s'était retiré. Fugitifs et dispersés par pelotons, ils vivaient dans les montagnes ou dans les bois. Les uns demeuraient dans les cavernes, et les autres firent plusieurs souterrains, du nombre desquels est celui-ci. Ayant ensuite eu le bonheur de chasser d'Espagne leurs ennemis, ils retournèrent dans les villes. Depuis ce temps-là leurs retraites ont servi d'asile aux gens de notre profession. Il est vrai que la sainte Hermandad en a découvert et détruit quelques-unes, mais il en reste encore; et, grâces au ciel, il y a près de quinze années que j'habite impunément celle-ci. Je m'appelle le capitaine Rolando. Je suis chef de la compagnie; et l'homme que tu as vu avec moi est un de mes cavaliers.

(1) La sainte Hermandad, sorte de milice établie en Espagne contre les malfaiteurs et les voleurs de grands chemins; c'était plus particulièrement une maréchaussée affectée au service de l'Inquisition.

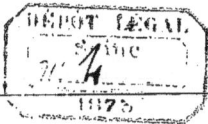

CHAPITRE V

*De l'arrivée de plusieurs autres voleurs dans le souterrain et de
l'agréable conversation qu'ils eurent tous ensemble.*

Comme le seigneur Rolando achevait de parler de la sorte, il
parut dans le salon six nouveaux visages. C'était le lieutenant avec
cinq hommes de la troupe qui revenaient chargés de butin. Ils ap-
portaient deux mannequins remplis de sucre, de canelle, de poivre,
de figues, d'amandes et de raisins secs. Le lieutenant adressa la
parole au capitaine, et lui dit qu'il venait d'enlever ces mannequins
à un épicier de Benavente, dont il avait aussi pris le mulet. Après
qu'il eut rendu compte de son expédition au bureau, les dépouilles
de l'épicier furent portées dans l'office. Alors il ne fut plus question
que de se réjouir. On dressa, dans le salon une grande table, et l'on
me renvoya dans la cuisine, où la dame Léonarde m'instruisit de ce

4

que j'avais à faire. Je cédai à la nécessité, puisque mon mauvais sort le voulait ainsi; et, dévorant ma douleur, je me préparai à servir ces honnêtes gens.

Je débutai par le buffet, que je parai de tasses d'argent et de plusieurs bouteilles de terre pleines de ce bon vin que le seigneur Rolando m'avait vanté : j'apportai ensuite deux ragoûts, qui ne furent pas plutôt servis que tous les cavaliers se mirent à table. Ils commencèrent à manger avec beaucoup d'appétit; et moi, debout derrière eux, je me tins prêt à leur verser du vin. Je m'en acquittai de si bonne grâce, que j'eus le bonheur de m'attirer des compliments. Le capitaine, en peu de mots, leur conta mon histoire qui les divertit fort. Ensuite, il leur parla de moi fort avantageusement; mais j'étais alors revenu des louanges, et j'en pouvais entendre sans péril. Là-dessus ils me louèrent tous; ils dirent que je paraissais né pour être leur échanson, que je valais cent fois mieux que mon prédécesseur. Et comme, depuis sa mort, c'était la señora Léonarde qui avait l'honneur de présenter le nectar à ces dieux infernaux, ils la privèrent de ce glorieux emploi pour m'en revêtir. Ainsi, nouveau Ganymède, je succédai à cette vieille Hébé.

Un grand plat de rôt, servi peu de temps après les ragoûts, vint achever de rassasier les voleurs, qui, buvant à proportion qu'ils mangeaient, furent bientôt de belle humeur et firent un beau bruit. Les voilà qui parlent tous à la fois : l'un commence une histoire, l'autre rapporte un bon mot; un autre crie, un autre chante; ils ne s'entendent point. Enfin Rolando, fatigué d'une scène où il mettait inutilement beaucoup du sien, le prit sur un ton si haut, qu'il imposa silence à la compagnie. « Messieurs, leur dit-il d'un ton de maître, écoutez ce que j'ai à vous proposer : au lieu de nous étourdir les uns les autres en parlant tous ensemble, ne ferions-nous pas mieux de nous entretenir en personnes raisonnables? Il me vient une pensée : depuis que nous sommes associés, nous n'avons pas eu la curiosité de nous demander quelles sont nos familles, et par quel enchaînement d'aventures nous avons embrassé notre profession. Cela me paraît, toutefois, digne d'être su. Faisons-nous cette confidence pour nous divertir. » Le lieutenant et les autres, comme s'ils avaient eu quelque chose de beau à nous raconter, acceptèrent, avec de grandes démonstrations de joie la proposition du capitaine, qui parla le premier dans ces termes :

« Messieurs, vous saurez que je suis fils unique d'un riche bourgeois de Madrid. Le jour de ma naissance fut célébré, dans la famille,

par des réjouissances infinies. Mon père, qui était déjà vieux, sentit
une joie extrême de se voir un héritier, et ma mère entreprit de me
nourrir de son propre lait. Mon aïeul maternel vivait encore de ce
temps-là : c'était un bon vieillard qui ne se mêlait plus de rien que
de dire son rosaire et de raconter ses exploits guerriers; car il avait
longtemps porté les armes, et souvent il se vantait d'avoir vu le feu.
Je devins insensiblement l'idole de ces trois personnes; j'étais sans
cesse dans leurs bras. De peur que l'étude ne me fatiguât, dans mes
premières années, on me les laissa passer dans les amusements les
plus puérils. « Il ne faut pas, disait mon père, que les enfants s'ap-
pliquent sérieusement, que le temps n'ait un peu mûri leur esprit. »
En attendant cette maturité, je n'apprenais ni à lire ni à écrire; mais
je ne perdais pas, pour cela, mon temps : mon père m'enseignait
mille sortes de jeux. Je connaissais parfaitement les cartes, je savais
jouer aux dés, et mon grand-père m'apprenait des romances sur les
expéditions militaires où il s'était trouvé. Il me chantait tous les
jours les mêmes couplets; et lorsque, après avoir répété pendant
trois mois dix ou douze vers, je venais à les réciter sans faute, mes
parents admiraient ma mémoire. Ils ne paraissaient pas moins
contents de mon esprit, quand, profitant de la liberté que j'avais
de tout dire, j'interrompais leur entretien pour parler à tort et à
travers. « Ah! qu'il est joli! » s'écriait mon père, en me regardant
avec des yeux charmés. Ma mère m'accablait aussitôt de caresses,
et mon grand-père en pleurait de joie. Je faisais aussi devant eux,
impunément, les actions les plus indécentes; ils me pardonnaient
tout; ils m'adoraient. Cependant j'entrais dans ma douzième année, et je n'avais point encore eu de maître. On m'en donna un;
mais il reçut, en même temps, des ordres précis de m'enseigner
sans en venir aux voies de fait; on lui permit seulement de me
menacer quelquefois pour m'inspirer un peu de crainte. Cette per-
mission ne fut pas fort salutaire; car, ou je me moquais des me-
naces de mon précepteur, ou bien, les larmes aux yeux, j'allais
m'en plaindre à ma mère ou à mon aïeul, et je leur faisais accroire
qu'il m'avait fort maltraité. Le pauvre diable avait beau venir me
démentir, il n'en était pas, pour cela, plus avancé; il passait pour
un brutal, et l'on me croyait toujours plutôt que lui. Il arriva
même un jour que je m'égratignai moi-même, puis je me mis à
crier comme si l'on m'eût écorché : ma mère accourut et chassa le
maître sur-le-champ, quoiqu'il protestât et prît le ciel à témoin qu'il
ne m'avait pas touché.

« Je me défis ainsi de tous mes précepteurs, jusqu'à ce qu'il vînt s'en présenter un tel qu'il me le fallait. C'était un bachelier d'Alcala. L'excellent maître pour un enfant de famille ! Il aimait les femmes, le jeu et le cabaret : je ne pouvais être en meilleures mains. Il s'attacha d'abord à gagner mon esprit par la douceur : il y réussit, et, par là, se fit aimer de mes parents qui m'abandonnèrent à sa conduite. Ils n'eurent pas sujet de s'en repentir; il me perfectionna de bonne heure dans la science du monde. A force de me mener avec lui dans tous les lieux qu'il aimait, il m'en inspira si bien le goût, qu'au latin près, je devins un garçon universel. Dès qu'il vit que je n'avais plus besoin de ses préceptes, il alla les offrir ailleurs.

« Si, dans mon enfance, j'avais vécu au logis fort librement, ce fut bien autre chose quand je commençai à devenir maître de mes actions. Ce fut dans ma famille que je fis l'essai de mon impertinence. Je me moquais à tout moment de mon père et de ma mère. Ils ne faisaient que rire de mes saillies; et, plus elles étaient vives, plus ils les trouvaient agréables. Cependant je faisais toutes sortes de débauches avec les jeunes gens de mon humeur; et, comme nos parents ne nous donnaient point assez d'argent pour continuer une vie si délicieuse, chacun dérobait chez lui ce qu'il pouvait prendre; et, cela ne suffisant point encore, nous commençâmes à voler la nuit; ce qui n'était pas un petit supplément. Malheureusement le corrégidor (1) apprit de nos nouvelles. Il voulut nous faire arrêter; mais on nous avertit de son mauvais dessein. Nous eûmes recours à la fuite, et nous nous mîmes à exploiter sur les grands chemins. Depuis ce temps-là, messieurs, Dieu m'a fait la grâce de vieillir dans ma profession, malgré les périls qui y sont attachés. »

Le capitaine cessa de parler en cet endroit, et le lieutenant, comme de raison, prit la parole après lui :

« Messieurs, dit-il, une éducation tout opposée à celle du seigneur Rolando a produit le même effet. Mon père était un boucher de Tolède; il passait, avec justice, pour le plus grand brutal de sa communauté, et ma mère n'avait pas un naturel plus doux. Ils me fouettaient, dans mon enfance, comme à l'envi l'un de l'autre; j'en recevais tous les jours mille coups. La moindre faute que je commettais était suivie des plus rudes châtiments. J'avais beau demander grâce les larmes aux yeux et protester que je me repentais de ce que

_____

(1) C'est sous ce nom, qui veut dire correcteur, que l'on désigne le premier officier de justice des villes et des provinces d'Espagne.

j'avais fait, on ne me pardonnait rien. Quand mon père me battait, ma mère, comme s'il ne s'en fût pas bien acquitté, se mettait de la partie, au lieu d'intercéder pour moi. Ces traitements m'inspirèrent tant d'aversion pour la maison paternelle, que je la quittai avant que j'eusse atteint ma quatorzième année. Je pris le chemin d'Aragon et me rendis à Saragosse, en demandant l'aumône. Là, je me faufilai avec des gueux qui menaient une vie assez heureuse. Ils m'apprirent à contrefaire l'aveugle, à paraître estropié, à mettre sur les jambes des ulcères postiches, etc. Le matin, comme les acteurs qui se préparent à jouer une comédie, nous nous disposions à faire nos personnages. Chacun courait à son poste; et le soir, nous réunissant tous, nous nous réjouissions pendant la nuit, aux dépens de ceux qui avaient eu pitié de nous pendant le jour. Je m'ennuyai pourtant d'être avec ces misérables, et, voulant vivre avec de plus honnêtes gens, je m'associai avec des chevaliers d'industrie. Ils m'apprirent à faire de bons tours; mais il nous fallut bientôt sortir de Saragosse, parce que nous nous brouillâmes avec un homme de justice qui nous avait toujours protégés. Chacun prit son parti. Pour moi, qui me sentais de la disposition à faire des coups hardis, j'entrai dans une troupe d'hommes courageux qui faisaient contribuer les voyageurs; et je me suis si bien trouvé de leur façon de vivre, que je n'en ai pas voulu chercher d'autre, depuis ce temps-là. Je sais donc, messieurs, très-bon gré à mes parents de m'avoir si maltraité; car, s'ils m'avaient élevé un peu plus doucement, je ne serais présentement, sans doute, qu'un malheureux boucher, au lieu que j'ai l'honneur d'être votre lieutenant. »

« Messieurs, dit alors un jeune voleur, qui était assis entre le capitaine et le lieutenant, sans vanité, les histoires que nous venons d'entendre ne sont pas si composées ni si curieuses que la mienne; je suis sûr que vous en conviendrez. Je dois le jour à une paysanne des environs de Séville. Trois semaines après qu'elle m'eut mis au monde (elle était jeune, propre et bonne nourrice), on lui proposa un nourrisson. C'était un enfant de qualité, un fils unique qui venait de naître dans Séville. Ma mère accepta volontiers la proposition; elle alla chercher l'enfant. On le lui confia; et elle ne l'eut pas sitôt apporté dans son village, que, trouvant quelque ressemblance entre lui et moi, cela lui inspira le dessein de me faire passer pour l'enfant de qualité, dans l'espérance qu'un jour je reconnaîtrais bien ce bon office. Mon père, qui n'était pas plus scrupuleux qu'un autre paysan, approuva la supercherie; de sorte qu'après nous avoir fait changer de langes, le fils de don Rodrigue de Herrera fut envoyé, sous mon nom, à une autre nourrice, et ma mère me nourrit sous le sien.

« Malgré tout ce que l'on peut dire de l'instinct et de la force du sang, les parents du petit gentilhomme prirent aisément le change. Ils n'eurent pas le moindre soupçon du tour qu'on leur avait joué, et, jusqu'à l'âge de sept ans, je fus toujours dans leurs bras. Leur intention étant de me rendre un cavalier parfait, ils me donnèrent toutes sortes de maîtres; mais les plus habiles ont quelquefois des élèves qui leur font peu d'honneur : j'avais peu de disposition pour les exercices qu'on me voulait enseigner. J'aimais beaucoup mieux jouer avec les valets, que j'allais chercher à tous moments dans les cuisines ou dans les écuries. Le jeu ne fut pas, toutefois longtemps, ma passion dominante; je n'avais pas dix-sept ans que je m'enivrais tous les jours. J'agaçais aussi toutes les femmes du logis. Je m'attachai principalement à une servante de cuisine, qui me parut mériter mes premiers soins. C'était une grosse joufflue, dont l'enjouement et l'embonpoint me plaisaient fort. Je lui faisais l'amour avec si peu de circonspection, que don Rodrigue même s'en aperçut. Il m'en reprit aigrement, me reprocha la bassesse de mes inclinations, et, de peur que la vue de l'objet aimé ne rendît ses remontrances inutiles, il mit ma princesse à la porte.

« Ce procédé me déplut; je résolus de m'en venger. Je volai les pierreries de la femme de don Rodrigue, et ce vol ne laissait pas d'être considérable; puis, allant chercher ma belle Hélène, qui s'était retirée chez une blanchisseuse de ses amies, je l'enlevai en plein midi, afin que personne n'en ignorât. Je passai plus avant : je la menai dans son pays, où je l'épousai solennellement, tant pour faire plus de dépit aux Herrera que pour laisser aux enfants de famille un si bel exemple à suivre. Trois mois après ce beau mariage, j'appris que don Rodrigue était mort. Je ne fus pas insensible à cette nouvelle; je me rendis promptement à Séville pour demander son bien; mais j'y trouvai du changement. Ma mère n'était plus, et, en mourant, elle avait eu l'indiscrétion d'avouer tout, en présence du curé de son village et d'autres bons témoins. Le fils de don Rodrigue tenait déjà ma place, ou plutôt la sienne, et il venait d'être reconnu avec d'autant plus de joie, qu'on était moins satisfait de moi; de manière que, n'ayant rien à espérer de ce côté-là, et ne me sentant plus de goût pour ma grosse femme, je me joignis à des chevaliers de la fortune, avec qui je commençai mes caravanes. »

Le jeune voleur ayant achevé son histoire, un autre dit qu'il était fils d'un marchand de Burgos; que, dans sa jeunesse, poussé d'une dévotion indiscrète, il avait pris l'habit et fait profession dans un ordre fort austère, et apostasié quelques années après. Enfin les huit voleurs parlèrent tour à tour; et, lorsque je les eus tous entendus, je ne fus pas surpris de les voir ensemble. Ils changèrent ensuite de discours. Ils mirent sur le tapis divers projets pour la campagne prochaine; et, après avoir formé une résolution, ils se levèrent de table pour aller se coucher. Ils allumèrent des bougies et se retirèrent dans leurs chambres. Je suivis le capitaine Rolando dans la sienne, où, pendant que je l'aidais à se déshabiller : « Eh bien! Gil Blas, me dit-il d'un air gai, tu vois de quelle manière nous vivons. Nous sommes toujours dans la joie; la haine ni l'envie ne se glissent point parmi nous; nous n'avons jamais ensemble le moindre démêlé; nous sommes plus unis que des moines. Tu vas, mon enfant, poursuivit-il, mener ici une vie bien agréable; car je ne te crois pas assez sot pour te faire une peine d'être avec des voleurs. Eh! voit-on d'autres gens dans le monde? Non, mon ami, tous les hommes aiment à s'approprier le bien d'autrui; c'est un sentiment général; la manière seule de le faire en est différente. Les conquérants, par exemple, s'emparent des états de leurs voisins. Les personnes de qualité empruntent et ne rendent point. Les banquiers, trésoriers, agents de change, commis, et tous les marchands, tant gros que petits, ne sont pas fort scrupuleux. Pour les gens de justice, je n'en parlerai point; on n'ignore point ce qu'ils savent faire. Il faut pourtant avouer qu'ils sont plus humains que nous; car souvent nous ôtons la vie aux innocents, et eux quelquefois la sauvent même aux coupables. »

CHAPITRE VI

De la tentative que fit Gil Blas pour se sauver, et quel en fut le succès.

Après que le capitaine des voleurs eut fait ainsi l'apologie de sa profession, il se mit au lit; et moi je retournai dans le salon, où je desservis et remis tout en ordre. J'allai ensuite à la cuisine, où Domingo (c'était le nom du vieux nègre) et la dame Léonarde soupaient en m'attendant. Quoique je n'eusse point d'appétit, je ne laissai point de m'asseoir auprès d'eux. Je ne pouvais manger, et, comme je paraissais aussi triste que j'avais sujet de l'être, ces deux figures équivalentes entreprirent de me consoler; ce qu'elles firent d'une manière plus propre à me mettre au désespoir qu'à soulager ma douleur : « Pourquoi vous affligez-vous, mon fils? me dit la vieille; vous devez plutôt vous réjouir de vous voir ici. Vous êtes jeune, et vous paraissez facile; vous vous seriez bientôt perdu dans le monde. Vous y auriez indubitablement rencontré des libertins qui vous auraient engagé dans toutes sortes de débauches, au lieu que votre innocence se trouve ici dans un port assuré. » — « La dame Léonarde a raison, dit gravement, à son tour, le vieux nègre, et l'on peut ajouter à cela qu'il n'y a, dans le monde, que des peines. Rendez grâces au ciel, mon ami, d'être tout d'un coup, délivré des périls, des embarras et des afflictions de la vie. »

J'essuyai tranquillement ce discours, parce qu'il ne m'eût servi de rien de m'en fâcher. Je ne doute pas même, si je me fusse mis en colère, que je ne leur eusse apprêté à rire à mes dépens. Enfin Domingo, après avoir bien bu et bien mangé, se retira dans son écurie. Léonarde prit aussitôt une lampe et me conduisit dans un caveau qui servait de cimetière aux voleurs qui mouraient de leur mort naturelle, et où je vis un grabat qui avait plus l'air d'un tombeau que d'un lit. « Voilà votre chambre, mon petit poulet, me dit-elle en me passant doucement la main sous le menton : le garçon

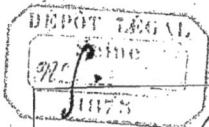

« ... Je poussai un cri si perçant, que le souterrain en retentit.... » page 34. »

dont vous avez le bonheur d'occuper la place y a couché, tant qu'il a vécu parmi nous, et il y repose encore après sa mort. Il s'est laissé mourir à la fleur de son âge ; ne soyez pas assez simple pour suivre son exemple. » En achevant ces paroles, elle me donna la lampe et retourna à sa cuisine. Je posai la lampe à terre, et je me jetai sur le grabat, moins pour prendre du repos que pour me livrer tout entier à mes réflexions : « O ciel ! dis-je, est-il une destinée aussi affreuse

5

que la mienne? On veut que je renonce à la vue du soleil; et, comme
si ce n'était pas assez d'être enterré tout vif à dix-huit ans, il faut
encore que je sois réduit à servir des voleurs, à passer le jour avec
des brigands, et la nuit avec des morts! » Ces pensées qui me semblaient très-mortifiantes, et qui l'étaient en effet, me faisaient pleurer
amèrement. Je maudis cent fois l'envie que mon oncle avait eue de
m'envoyer à Salamanque; je me repentis d'avoir craint la justice de
Cacabelos; j'aurais voulu être à la question. Mais, considérant que
je me consumais en plaintes vaines, je me mis à rêver aux moyens
de me sauver; et je me dis en moi-même : « Est-il donc impossible
de me tirer d'ici? Les voleurs dorment; la cuisinière et le nègre
en feront bientôt autant; pendant qu'ils seront tous endormis, ne
puis-je, avec cette lampe, trouver l'allée par où je suis descendu
dans cet enfer? Il est vrai que je ne me crois pas assez fort pour
lever la trappe qui est à l'entrée. Cependant, voyons : je ne veux rien
avoir à me reprocher. Mon désespoir me prêtera des forces, et j'en
viendrai peut-être à bout. »

Je formai donc ce grand dessein. Je me levai, quand je jugeai
que Léonarde et Domingo reposaient. Je pris la lampe et sortis du
caveau, en me recommandant à tous les saints du paradis. Ce ne fut
pas sans peine que je démêlai les détours de ce nouveau labyrinthe.
J'arrivai pourtant à la porte de l'écurie, et j'aperçus enfin l'allée que
je cherchais. Je marche, je m'avance vers la trappe avec une joie
mêlée de crainte; mais, hélas! au milieu de l'allée je rencontrai une
maudite grille de fer bien fermée, et dont les barreaux étaient si
près l'un de l'autre, qu'on y pouvait à peine passer la main. Je me
trouvai bien sot à la vue de ce nouvel obstacle dont je ne m'étais
point aperçu en entrant, parce que la grille était alors ouverte. Je
ne laissai pas pourtant de tâter les barreaux. J'examinai la serrure;
je tâchais même de la forcer, lorsque, tout à coup, je me sentis appliquer vigoureusement, entre les deux épaules, cinq ou six coups
de nerf de bœuf. Je poussai un cri si perçant, que le souterrain en
retentit; et, regardant aussitôt derrière moi, je vis le vieux nègre en
chemise qui, d'une main, tenait une lanterne sourde, et, de l'autre,
l'instrument de mon supplice : « Ah! ah! dit-il, petit drôle, vous
voulez vous sauver! Oh! ne pensez pas que vous puissiez me surprendre; je vous ai bien entendu. Vous avez cru trouver la grille
ouverte, n'est-ce pas? Apprenez, mon ami, que vous la trouverez
désormais toujours fermée. Quand nous retenons ici quelqu'un malgré lui, il faut qu'il soit plus fin que vous pour nous échapper. »

Cependant, au cri que j'avais fait, deux ou trois voleurs se réveillèrent en sursaut; et, ne sachant si c'était la sainte Hermandad qui venait fondre sur eux, ils se levèrent en appelant à haute voix leurs camarades. Dans un instant, ils sont tous sur pied. Ils prennent leurs épées et leurs carabines et s'avancent, presque nus, à l'endroit où j'étais avec Domingo. Mais sitôt qu'ils surent la cause du bruit qu'ils avaient entendu, leur inquiétude se convertit en éclats de rire : « Comment donc, Gil Blas, me dit le voleur apostat, il n'y a pas six heures que tu es avec nous, et tu veux déjà t'en aller? Il faut que tu aies bien de l'aversion pour la retraite. Eh! que ferais-tu donc si tu étais chartreux? Va te coucher. Tu en seras quitte cette fois-ci pour les coups que Domingo t'a donnés; mais s'il t'arrive jamais de faire un nouvel effort pour te sauver, par saint Barthélemy! nous t'écorcherons tout vif. » A ces mots, il se retira. Les autres voleurs s'en retournèrent aussi dans leurs chambres, en riant de tout leur cœur de la tentative que j'avais faite pour leur fausser compagnie. Le vieux nègre, fort satisfait de son expédition, rentra dans son écurie, et je regagnai mon cimetière, où je passai le reste de la nuit à soupirer et à pleurer.

CHAPITRE VII

De ce que fit Gil Blas, ne pouvant faire mieux.

Je pensai succomber, les premiers jours, au chagrin qui me dé-
vorait. Je ne faisais que traîner une vie mourante; mais enfin, mon
bon génie m'inspira la pensée de dissimuler. J'affectai de paraître
moins triste; je commençai à rire et à chanter, quoique je n'en
eusse aucune envie. En un mot, je me contraignis si bien, que
Léonarde et Domingo y furent trompés. Ils crurent que l'oiseau
s'accoutumait à sa cage. Les voleurs s'imaginèrent la même chose.
Je prenais un air gai en leur versant à boire, et je me mêlais à leur
entretien, quand je trouvais occasion d'y placer quelque plaisanterie.
Ma liberté, loin de leur déplaire, les divertissait. « Gil Blas, me dit
le capitaine, un soir que je faisais le plaisant, tu as bien fait, mon
ami, de bannir la mélancolie; je suis charmé de ton humeur et de
ton esprit. On ne connaît pas d'abord les gens : je ne te croyais pas
si spirituel et si enjoué. »

Les autres me donnèrent aussi mille louanges, et m'exhortèrent à
persister dans les généreux sentiments que je leur témoignais; enfin,
ils me parurent si contents de moi, que, profitant d'une si bonne
disposition : « Messieurs, leur dis-je, permettez que je vous découvre
le fond de mon âme. Depuis que je demeure ici, je me sens tout
autre que je n'étais auparavant. Vous m'avez défait des préjugés de
mon éducation; j'ai pris insensiblement votre esprit. J'ai du goût
pour votre profession : je meurs d'envie d'avoir l'honneur d'être un
de vos confrères et de partager, avec vous, les périls de vos expéditions. » Toute la compagnie applaudit à ce discours. On loua ma
bonne volonté; puis il fut résolu tout d'une voix qu'on me laisserait
servir encore quelque temps pour éprouver ma vocation; qu'ensuite
on me ferait faire mes caravanes; après quoi on m'accorderait la
place honorable que je demandais et qu'on ne pouvait, disait-on,
refuser à un jeune homme qui paraissait d'aussi bonne volonté que
moi.

Il fallut donc continuer de me contraindre et d'exercer mon emploi d'échanson. J'en fus très-mortifié, car je n'aspirais à devenir voleur que pour avoir la liberté de sortir comme les autres; et j'espérais qu'en faisant des courses avec eux, je leur échapperais quelque jour. Cette seule espérance soutenait ma vie. L'attente, néanmoins, me paraissait longue, et je ne laissai pas d'essayer plus d'une fois de surprendre la vigilance de Domingo; mais il n'y eut pas moyen, il était trop sur ses gardes : j'aurais défié cent Orphées de charmer ce Cerbère. Il est vrai aussi que, de peur de me rendre suspect, je ne faisais pas tout ce que j'aurais pu faire pour le tromper. Il m'observait, et j'étais obligé d'agir avec beaucoup de circonspection pour ne pas me trahir. Je m'en remettais donc au temps que les voleurs m'avaient prescrit pour me recevoir dans leur troupe, et je l'attendais avec autant d'impatience que si j'eusse dû entrer dans une compagnie de traitants.

Grâces au ciel, six mois après, ce temps arriva. Le seigneur Rolando dit un soir à ses cavaliers : « Messieurs, il faut tenir la parole que nous avons donnée à Gil Blas. Je n'ai pas mauvaise opinion de ce garçon-là; il me paraît fait pour marcher sur nos traces; je crois que nous en ferons quelque chose. Je suis d'avis que nous le menions demain avec nous cueillir des lauriers sur les grands chemins. Prenons soin, nous-mêmes, de le dresser à la gloire. » Les voleurs furent tous du sentiment de leur capitaine; et, pour me faire voir qu'ils me regardaient déjà comme un de leurs compagnons, dès ce moment, ils me dispensèrent de les servir. Ils rétablirent la dame Léonarde dans l'emploi qu'on lui avait ôté pour m'en charger. Ils me firent quitter mon habillement, qui consistait en une simple soutanelle fort usée, et ils me parèrent de toute la dépouille d'un gentilhomme nouvellement volé. Après cela, je me disposai à faire ma première campagne.

CHAPITRE VIII

Gil Blas accompagne les voleurs. Quel exploit il fait
sur les grandes routes.

Ce fut sur la fin d'une nuit du mois de septembre que je sortis du souterrain avec les voleurs. J'étais armé, comme eux, d'une carabine, de deux pistolets, d'une épée et d'une baïonnette, et je montais un assez bon cheval, qu'on avait pris au même gentilhomme dont je portais les habits. Il y avait si longtemps que je vivais dans les ténèbres, que le jour naissant ne manqua pas de m'éblouir; mais, peu à peu, mes yeux s'accoutumèrent à le souffrir.

Nous passâmes auprès de Pontferrada, et nous allâmes nous mettre en embuscade dans un petit bois qui bordait le grand chemin de Léon, dans un endroit d'où, sans être vus, nous pouvions voir tous les passants. Là, nous attendions que la fortune nous offrit

quelque bon coup à faire, quand nous aperçûmes un religieux de
l'ordre de Saint-Dominique, monté, contre l'ordinaire de ces bons
pères, sur une mauvaise mule.

— « Dieu soit loué, s'écria le capitaine en riant, voici le chef-
d'œuvre de Gil Blas. Il faut qu'il aille détrousser ce moine : voyons
comme il s'y prendra. »

Tous les voleurs jugèrent qu'effectivement cette commission me
convenait, et ils m'exhortèrent à m'en acquitter.

— « Messieurs, leur dis-je, vous serez contents; je vais mettre
ce père nu comme la main, et vous amener ici sa mule. »

— « Non, non, dit Rolando, elle n'en vaut pas la peine : apporte-
nous seulement la bourse de Sa Révérence; c'est tout ce que nous
exigeons de toi. »

— « Je vais donc, repris-je, sous les yeux de mes maîtres, faire
un coup d'essai; j'espère qu'ils m'honoreront de leurs suffrages. »

Là-dessus, je sortis du bois, et, poussai vers le religieux, en
priant le ciel de me pardonner l'action que j'allais faire, car il n'y
avait pas assez longtemps que j'étais avec ces brigands pour la faire
sans répugnance. J'aurais bien voulu m'échapper dès ce moment-là;
mais la plupart des voleurs étaient encore mieux montés que moi :
s'ils m'eussent vu fuir, ils se seraient mis à mes trousses, et m'auraient bientôt rattrapé, ou, peut-être, auraient-ils fait sur moi
une décharge de leurs carabines, dont je me serais fort mal trouvé.
Je n'osai donc hasarder une démarche si délicate. Je joignis le père,
et lui demandai la bourse, en lui présentant le bout d'un pistolet. Il
s'arrêta tout court pour me considérer; et, sans paraître fort effrayé :

— « Mon enfant, me dit-il, vous êtes bien jeune; vous faites de
bonne heure un vilain métier. »

— « Mon père, lui répondis-je, tout vilain qu'il est, je voudrais
l'avoir commencé plut tôt. »

— « Ah! mon fils, répliqua le bon religieux, qui n'avait garde de
comprendre le vrai sens de mes paroles, que dites-vous? quel aveu-
glement! souffrez que je vous représente l'état malheureux..... »

— « Oh! mon père, interrompis-je avec précipitation, trêve de
morale, s'il vous plait : je ne viens pas sur les grands chemins pour
entendre des sermons : il ne s'agit point ici de cela; il faut que vous
me donniez des espèces. Je veux de l'argent. »

— « De l'argent? me dit-il d'un air étonné; vous jugez bien mal
de la charité des Espagnols, si vous croyez que les personnes de
mon caractère aient besoin d'argent pour voyager en Espagne.

Détrompez-vous. On nous reçoit agréablement partout : on nous
loge, on nous nourrit, et l'on ne nous demande pour cela que des
prières. Enfin, nous ne portons point d'argent sur la route; nous
nous abandonnons à la Providence. »

— « Eh! non, non, lui repartis-je, vous ne vous y abandonnez
pas; vous avez toujours de bonnes pistoles pour être plus sûrs de la
Providence. Mais, mon père, ajoutai-je, finissons : mes camarades,
qui sont dans ce bois, s'impatientent; jetez tout à l'heure votre
bourse à terre, ou bien je vous tue. »

A ces mots, que je prononçai d'un air menaçant, le religieux
sembla craindre pour sa vie.

— « Attendez, me dit-il, je vais donc vous satisfaire, puisqu'il le
faut absolument. Je vois bien qu'avec vous autres les figures de
rhétorique sont inutiles. »

En disant cela, il tira de dessous sa robe une grosse bourse de
peau de chamois, qu'il laissa tomber à terre. Alors, je lui dis qu'il
pouvait continuer son chemin, ce qu'il ne me donna pas la peine
de répéter. Il pressa les flancs de sa mule, qui, démentant l'opinion
que j'avais d'elle, car je ne la croyais pas meilleure que celle de mon
oncle, prit tout à coup un assez bon train. Tandis qu'il s'éloignait,
je mis pied à terre. Je ramassai la bourse qui me parut pesante. Je
remontai sur ma bête, et regagnai promptement le bois, où les
voleurs m'attendaient avec impatience, pour me féliciter, comme si
la victoire que je venais de remporter m'eût coûté beaucoup. A peine
me donnèrent-ils le temps de descendre de cheval, tant ils s'em-
pressaient de m'embrasser.

— « Courage, Gil Blas, me dit Rolando, tu viens de faire des mer-
veilles. J'ai eu les yeux attachés sur toi pendant ton expédition; j'ai
observé ta contenance; je te prédis que tu deviendras un excellent
voleur de grand chemin, ou je ne m'y connais pas. »

Le lieutenant et les autres applaudirent à la prédiction, et m'assurèrent que je ne pouvais manquer de l'accomplir quelque jour. Je
les remerciai de la haute idée qu'ils avaient de moi, et leur promis
de faire tous mes efforts pour la soutenir.

Après qu'ils m'eurent d'autant plus loué que je méritais moins
de l'être, il leur prit envie d'examiner le butin dont je revenais
chargé.

— « Voyons, dirent-ils, voyons ce qu'il y a dans la bourse du
religieux. Elle doit être bien garnie, continua l'un d'eux, car ces
bons pères ne voyagent pas en pèlerins. »

« ... Nous arrivons à la grille, nous l'ouvrons... » page 50. »

Le capitaine délia la bourse, l'ouvrit, et en tira deux ou trois poignées de petites médailles de cuivre, entremêlées d'*agnus Dei*, avec quelques scapulaires. A la vue d'un larcin si nouveau, tous les voleurs éclatèrent en ris immodérés.

— « Vive Dieu ! s'écria le lieutenant, nous avons bien de l'obligation à Gil Blas : il vient, pour son coup d'essai, de faire un vol fort salutaire à la compagnie. »

6

Cette plaisanterie en attira d'autres. Ces scélérats, et particulièrement celui qui avait apostasié, commencèrent à s'égayer sur
la matière.

Il leur échappa mille traits qu'il ne m'est pas permis de rapporter,
et qui marquaient bien le dérèglement de leurs mœurs. Moi seul, je
ne riais pas. Il est vrai que les railleurs m'en ôtaient l'envie en se
réjouissant ainsi à mes dépens. Chacun me lança son trait, et le
capitaine me dit :

« Ma foi, Gil Blas, je te conseille, en ami, de ne te plus jouer aux
moines ; ce sont gens trop fins et trop rusés pour toi. »

CHAPITRE IX

De l'événement sérieux qui suivit cette aventure.

Nous demeurâmes dans le bois la plus grande partie de la journée, sans apercevoir aucun voyageur qui pût payer pour le religieux. Enfin, nous en sortîmes pour retourner au souterrain, bornant nos exploits à ce risible événement, qui faisait encore le sujet de notre entretien, lorsque nous découvrîmes de loin un carrosse à quatre mules. Il venait à nous au grand trot, et il était accompagné de trois hommes à cheval, qui me parurent bien armés et bien disposés à nous recevoir, si nous étions assez hardis pour les insulter. Rolando fit faire halte à la troupe, pour tenir conseil là-dessus, et le résultat fut qu'on attaquerait. Aussitôt, il nous rangea de la manière qu'il voulut, et nous marchâmes en bataille au-devant du carrosse. Malgré les applaudissement que j'avais reçus dans le bois, je me sentis saisi d'un grand tremblement, et bientôt il sortit de tout mon corps une sueur froide qui ne me présageait rien de bon. Pour surcroît de bonheur, j'étais au front de la bataille, entre le capitaine et le lieutenant, qui m'avaient placé là, pour m'accoutumer au feu tout d'un coup. Rolando, remarquant jusqu'à quel point la nature pâtissait chez moi, me regarda de travers et me dit d'un air brusque : « Écoute, Gil Blas, songe à faire ton devoir; je t'avertis que, si tu recules, je te casserai la tête d'un coup de pistolet. » J'étais trop persuadé qu'il le ferait comme il le disait, pour négliger l'avertissement; c'est pourquoi je ne pensai plus qu'à recommander mon âme à Dieu, puisque je n'avais pas moins à craindre d'un côté que de l'autre.

Pendant ce temps-là le carrosse et les cavaliers s'approchaient. Ils connurent quelle sorte de gens nous étions, et, devinant notre dessein à notre contenance, ils s'arrêtèrent à la portée d'une escopette. Ils avaient, aussi bien que nous, des carabines et des pistolets. Tandis qu'ils se préparaient à nous faire face, il sortit du carrosse un homme bien fait et richement vêtu. Il monta sur un cheval de main, dont un des cavaliers tenait la bride, et il se mit à la tête des autres. Il n'avait pour armes que son épée et deux pistolets. Encore qu'ils ne fussent que quatre contre neuf, car le cocher demeura sur son siége, ils s'avancèrent vers nous avec une audace qui redoubla mon effroi. Je ne laissai pas pourtant, bien que tremblant de tous mes membres, de me tenir prêt à tirer mon coup; mais, pour dire les choses comme elles sont, je fermai les yeux et tournai la tête en déchargeant ma carabine; et, de la manière que je tirai, je ne dois point avoir ce coup-là sur la conscience.

Je ne ferai point un détail de l'action : quoique présent, je ne voyais rien; et ma peur, en me troublant l'imagination, me cachait l'horreur du spectacle même qui m'effrayait. Tout ce que je sais, c'est qu'après un grand bruit de mousquetades, j'entendis mes compagnons crier à pleine tête : *Victoire! victoire!* A cette acclamation, la terreur qui s'était emparé de mes sens se dissipa, et j'aperçus sur le champ de bataille les quatre cavaliers étendus sans vie. De notre côté, nous n'eûmes qu'un homme de tué : ce fut l'apostat, qui n'eut, en cette occasion, que ce qu'il méritait pour son apostasie et pour ses mauvaises plaisanteries sur les scapulaires. Un de nos cavaliers reçut une balle à la rotule du genou droit. Le lieutenant fut aussi blessé, mais fort légèrement, le coup n'ayant fait qu'effleurer la peau.

Le seigneur Rolando courut d'abord à la portière du carrosse. Il y avait dedans une dame de vingt-quatre à vingt-cinq ans, qui lui parut très-belle, malgré le triste état où il la voyait. Elle s'était évanouie pendant le combat, et son évanouissement durait encore. Tandis qu'il s'occupait à la considérer, nous songeâmes, nous autres, au butin. Nous commençâmes par nous assurer des chevaux des cavaliers tués, car ces animaux, épouvantés du bruit des coups, s'étaient un peu écartés après avoir perdu leurs guides. Pour les mules, elles n'avaient pas branlé, quoique, durant l'action, le cocher eût quitté son siége pour se sauver. Nous mîmes pied à terre pour les dételer, et nous les chargeâmes de plusieurs malles que nous trouvâmes attachées devant et derrière le carrosse. Cela fait, on prit, par ordre du capitaine, la dame qui n'avait pas encore rappelé ses esprits, et on la mit à cheval entre les mains d'un voleur des plus robustes et des mieux montés; puis, laissant sur le grand chemin le carrosse et les morts dépouillés, nous emmenâmes avec nous la dame, les mules et les chevaux.

CHAPITRE X

*De quelle manière en usèrent les voleurs avec la dame. Du grand
dessein que forma Gil Blas et quel en fut l'événement.*

Il y avait déjà plus d'une heure qu'il était nuit quand nous arrivâmes au souterrain. Nous menâmes d'abord les bêtes à l'écurie,
où nous fûmes obligés, nous-mêmes, de les attacher au ratelier et
d'en avoir soin, parce que le vieux nègre était au lit depuis trois
jours. Outre que la goutte l'avait pris violemment, un rhumatisme
le tenait entrepris de tous ses membres. Il ne lui restait rien de
libre que la langue qu'il employait à témoigner son impatience par
d'horribles blasphèmes. Nous laissâmes ce misérable jurer et blas-
phémer, et nous allâmes à la cuisine, où nous donnâmes toute notre
attention à la dame, qui paraissait environnée des ombres de la
mort. Nous n'épargnâmes rien pour la tirer de son évanouissement,
et nous eûmes le bonheur d'en venir à bout. Mais, quand elle eut
repris l'usage de ses sens, et qu'elle se vit entre les bras de plusieurs
hommes qui lui étaient inconnus, elle sentit son malheur; elle en
frémit. Tout ce que la douleur et le désespoir ensemble peuvent
avoir de plus affreux parut peint dans ses yeux qu'elle leva au ciel,
comme pour se plaindre à lui des indignités dont elle était menacée;
puis, cédant tout à coup à ces images épouvantables, elle retombe
en défaillance, sa paupière se referme, et les voleurs s'imaginent
que la mort va leur enlever leur proie. Alors le capitaine, jugeant
plus à propos de l'abandonner à elle-même que de la tourmenter
par de nouveaux secours, la fit porter sur le lit de Léonarde, où on
la laissa toute seule, au hasard de ce qu'il en pouvait arriver.

Nous passâmes dans le salon, où un des voleurs qui avait été
chirurgien, visita les blessures du lieutenant et du cavalier, et les
frotta de baume. L'opération faite, on voulut voir ce qu'il y avait
dans les malles. Les unes se trouvèrent remplies de dentelles et de
linge, les autres d'habits; mais la dernière qu'on ouvrit renfermait

quelques sacs remplis de pistoles, ce qui réjouit infiniment messieurs
les intéressés. Après cet examen, la cuisinière dressa le buffet, mit
le couvert et servit. Nous nous entretînmes d'abord de la grande
victoire que nous avions remportée. Sur quoi Rolando, m'adressant
la parole : « Avoue, Gil Blas, me dit-il, avoue, mon enfant, que tu
as eu grand'peur. » Je répondis que j'en demeurais d'accord de
bonne foi; mais que je me battrais comme un paladin, quand
j'aurais fait seulement deux ou trois campagnes. Là-dessus toute la
compagnie prit mon parti, en disant qu'on devait me le pardonner;
que l'action avait été vive; et que, pour un jeune homme qui n'avait
jamais vu le feu, je ne m'étais point mal tiré d'affaire.

La conversation tomba ensuite sur les mules et les chevaux que
nous venions d'amener au souterrain. Il fut arrêté que, le lendemain, avant le jour, nous partirions tous pour les aller vendre à
Mansilla, où, probablement, on n'aurait point encore entendu parler
de notre expédition. Ayant pris cette résolution, nous achevâmes de
souper; puis nous retournâmes à la cuisine pour voir la dame, que
nous trouvâmes dans la même situation; nous crûmes qu'elle ne
passerait pas la nuit. Néanmoins, quoiqu'elle parût à peine jouir
d'un reste de vie, quelques voleurs ne laissèrent pas de jeter sur elle
un œil profane, et de témoigner une brutale envie, qu'ils auraient
satisfaite, si Rolando ne les en eût empêchés, en leur représentant
qu'ils devaient du moins attendre que la dame fût sortie de cet acca-
blement de tristesse qui lui ôtait tout sentiment. Le respect qu'ils
avaient pour leur capitaine retint leur incontinence; sans cela rien
ne pouvait sauver la dame; sa mort même n'aurait peut-être pas
mis son honneur en sûreté.

Nous laissâmes encore cette malheureuse femme dans l'état où
elle était. Rolando se contenta de charger Léonarde d'en avoir soin,
et chacun se retira dans sa chambre. Pour moi, lorsque je fus couché, au lieu de me livrer au sommeil, je ne fis que m'occuper du
malheur de la dame. Je ne doutais point que ce ne fût une personne de
qualité, et j'en trouvais son sort plus déplorable. Je ne pouvais, sans
frémir, me peindre les horreurs qui l'attendaient, et je m'en sentais
aussi vivement touché que si le sang ou l'amitié m'eût attaché à elle.
Enfin, après avoir bien plaint sa destinée, je rêvai aux moyens de
préserver son honneur du péril dont il était menacé, et de me tirer,
en même temps, du souterrain. Je songeai que le vieux nègre ne
pouvait se remuer, et que, depuis son indisposition, la cuisinière
avait la clef de la grille. Cette pensée m'échauffa l'imagination, et

me fit concevoir un projet que je digérai bien; puis j'en commençai
sur-le-champ l'exécution, de la manière suivante :

Je feignis d'avoir la colique. Je poussai d'abord des plaintes et
des gémissements; ensuite, élevant la voix, je jetai de grands cris.
Les voleurs se réveillent et sont bientôt auprès de moi. Ils me de-
mandent ce qui m'oblige à crier ainsi. Je répondis que j'avais une
colique horrible, et, pour mieux le leur persuader, je me mis à
grincer des dents, à faire des grimaces et des contorsions effroyables,
et à m'agiter d'une étrange façon. Après cela, je devins tout à coup
tranquille, comme si mes douleurs m'eussent donné quelque relâche;
un instant après, je me remis à faire des bonds sur mon grabat et à
me tordre les bras. En un mot, je jouai si bien mon rôle, que les
voleurs, tout fins qu'ils étaient, s'y laissèrent tromper et crurent
qu'en effet je sentais des tranchées violentes. Mais, en faisant si bien
mon personnage, je fus tourmenté d'une étrange façon; car, dès que
mes charitables confrères s'imaginèrent que je souffrais, les voilà
tous qui s'empressent à me soulager : l'un m'apporte une bouteille
d'eau-de-vie et m'en fait avaler la moitié; l'autre me donne, malgré
moi, un lavement d'huile d'amandes douces; un autre va chauffer
une serviette et vient me l'appliquer, toute brûlante, sur le ventre.
J'avais beau crier miséricorde; ils imputaient mes cris à ma colique,
et continuaient à me faire souffrir des maux véritables, en voulant
m'en ôter un que je n'avais point. Enfin, ne pouvant plus y résister,
je fus obligé de leur dire que je ne sentais plus de tranchées, et que
je les conjurais de me donner quartier. Ils cessèrent de me fatiguer
de leurs remèdes, et je me gardai bien de me plaindre davantage,
de peur d'éprouver encore leur secours.

Cette scène dura près de trois heures. Après quoi, les voleurs
jugeant que le jour ne devait pas être fort éloigné, se préparèrent à
partir pour Mansilla. Je fis alors un nouveau lazzi : je voulus me lever
pour leur faire croire que j'avais grande envie de les accompagner;
mais ils m'en empêchèrent. « Non, non, Gil Blas, me dit le seigneur
Rolando, demeure ici, mon fils : ta colique pourrait te reprendre.
Tu viendras une autre fois avec nous; pour aujourd'hui, tu n'es pas
en état de nous suivre; repose-toi toute la journée; tu as besoin de
repos. » Je ne crus pas devoir insister fort sur cela, de crainte qu'on
ne se rendît à mes instances; je parus seulement très-mortifié de ne
pouvoir être de la partie : ce que je fis d'un air si naturel, qu'ils sor-
tirent tous du souterrain sans avoir le moindre soupçon de mon
projet. Après leur départ, que j'avais tâché de hâter par mes vœux,

je m'adressai ce discours : « Oh çà! Gil Blas, c'est à présent qu'il
faut avoir de la résolution. Arme-toi de courage pour achever ce
que tu as si heureusement commencé. La chose me paraît aisée :
Domingo n'est point en état de s'opposer à ton entreprise, et Léonarde ne peut t'empêcher de l'exécuter. Saisis cette occasion de
t'échapper; tu n'en trouveras jamais, peut-être, une plus favorable. »
Ces réflexions me remplirent de confiance : je me levai; je pris mon
épée et mes pistolets, et j'allai d'abord à la cuisine; mais, avant d'y
entrer, comme j'entendis parler Léonarde, je m'arrêtai pour écouter.
Elle parlait à la dame inconnue, qui avait repris ses esprits, et qui,
considérant toute son infortune, pleurait alors et se désespérait.
« Pleurez, ma fille, lui disait la vieille, fondez en larmes, n'épargnez
point les soupirs; cela vous soulagera. Votre saisissement était dan-
gereux; mais il n'y a plus rien à craindre, puisque vous versez des
pleurs. Votre douleur s'apaisera peu à peu, et et vous vous accoutu-
merez à vivre ici avec nos messieurs qui sont d'honnêtes gens. Vous
serez mieux traitée qu'une princesse; ils auront pour vous mille
complaisances, et vous témoigneront tous les jours de l'affection. Il
y a bien des femmes qui voudraient être à votre place. »

Je ne donnai pas le temps à Léonarde d'en dire davantage. J'entrai;
et, lui mettant un pistolet sur la gorge, je la pressai, d'un air menaçant, de me remettre la clef de la grille. Elle fut troublée de mon
action; et, quoique bien avancée dans sa carrière, elle se sentit
encore assez attachée à la vie pour n'oser me refuser ce que je lui
demandais. Lorsque j'eus la clef entre les mains, j'adressai la parole
à la dame affligée. « Madame, lui dis-je, le ciel vous a envoyé un
libérateur; levez-vous pour me suivre; je vais vous mener où il vous
plaira que je vous conduise. » La dame ne fut pas sourde à ma voix,
et mes paroles firent tant d'impression sur son âme, que, rappelant
tout ce qui lui restait de forces, elle se leva, vint se jeter à mes pieds,
en me conjurant de conserver son honneur. Je la relevai, et l'assurai
qu'elle pouvait compter sur moi. Ensuite, je pris des cordes que
j'aperçus dans la cuisine; et, à l'aide de la dame, je liai Léonarde
aux pieds d'une grosse table, en lui protestant que je la tuerais si
elle poussait le moindre cri. La bonne Léonarde, persuadée que je
n'y manquerais pas, si elle osait me contredire, prit le parti de me
laisser faire tout ce que je voulus. J'allumai de la bougie et j'allai,
avec l'inconnue, à la chambre où étaient les espèces d'or et d'argent.
Je mis dans mes poches autant de pistoles et de doubles pistoles
qu'il y en put tenir; et, pour obliger la dame à s'en charger aussi, je

Combat des brigands et de don Alvar, page 44.

lui représentai qu'elle ne faisait que reprendre son bien, ce qu'elle fit sans scrupule. Quand nous en eûmes une bonne provision, nous marchâmes vers l'écurie, où j'entrai seul avec mes pistolets en état. Je comptais bien que le vieux nègre, malgré sa goutte et son rhumatisme, ne me laisserait pas tranquillement seller et brider mon cheval, et j'étais dans la résolution de le guérir radicalement de tous ses maux, s'il s'avisait de vouloir faire le méchant; mais, par bonheur, il était alors si accablé des douleurs qu'il avait souffertes et de

7

celles qu'il souffrait encore, que je tirai mon cheval de l'écurie sans même qu'il parût s'en apercevoir. La dame m'attendait à la porte. Nous enfilâmes promptement l'allée par où l'on sortait du souterrain. Nous arrivons à la grille, nous l'ouvrons, et nous parvenons enfin à la trappe. Nous eûmes beaucoup de peine à la lever, ou plutôt, pour en venir à bout, nous eûmes besoin de la force nouvelle que nous prêta l'envie de nous sauver.

Le jour commençait à paraître lorsque nous nous vîmes hors de cet abîme. Nous songeâmes aussitôt à nous en éloigner. Je me jetai en selle; la dame monta derrière moi, et, suivant au galop le premier sentier qui se présenta, nous sortîmes bientôt de la forêt. Nous entrâmes dans une plaine coupée de plusieurs routes; nous en prîmes une au hasard. Je mourais de peur qu'elle ne nous conduisît à Mansilla et que nous ne rencontrassions Rolando et ses camarades, ce qui pouvait fort bien nous arriver. Heureusement ma crainte fut vaine. Nous arrivâmes à la ville d'Astorga, sur les deux heures après midi. J'aperçus des gens qui nous regardaient avec une extrême attention, comme si c'eût été pour eux un spectacle nouveau de voir une femme à cheval derrière un homme. Nous descendîmes à la première hôtellerie, où j'ordonnai d'abord qu'on mît à la broche une perdrix et un lapereau. Pendant qu'on exécutait mon ordre, et qu'on nous préparait à dîner, je conduisis la dame à une chambre, où nous commençâmes à nous entretenir; ce que nous n'avions pu faire en chemin, parce que nous étions venus trop vite. Elle me témoigna combien elle était sensible au service que je venais de lui rendre, et me dit qu'après une action si généreuse, elle ne pouvait se persuader que je fusse un compagnon des brigands à qui je l'avais arrachée. Je lui contai mon histoire pour la confirmer dans la bonne opinion qu'elle avait conçue de moi. Par là, je l'engageai à me donner sa confiance et à m'apprendre ses malheurs, qu'elle me raconta comme je vais le dire dans le chapitre suivant.

CHAPITRE XI

Histoire de dona Mencia de Mosquera.

« Je suis née à Valladolid, et je m'appelle dona Mencia de Mosquera. Don Martin, mon père, après avoir consumé presque tout son patrimoine dans le service, fut tué en Portugal, à la tête d'un régiment qu'il commandait. Il me laissa si peu de bien, que j'étais un assez mauvais parti, quoique je fusse fille unique. Je ne manquai pas toutefois d'amants, malgré la médiocrité de ma fortune. Plusieurs cavaliers des plus considérables d'Espagne me recherchèrent en mariage. Celui qui s'attira mon attention fut don Alvar de Mello. Véritablement, il était mieux fait que ses rivaux; mais des qualités

plus solides me déterminèrent en sa faveur. Il avait de l'esprit, de
la discrétion, de la valeur et de la probité. D'ailleurs, il pouvait
passer pour l'homme du monde le plus galant. Fallait-il donner une
fête, rien n'était mieux entendu; et, s'il paraissait dans les joûtes, il
faisait toujours admirer sa force et son adresse. Je le préférai donc à
tous les autres, et je l'épousai.

« Peu de jours après notre mariage, il rencontra, dans un endroit
écarté, don André de Baësa, qui avait été l'un de ses rivaux. Ils se
piquèrent l'un l'autre, et mirent l'épée à la main. Il en coûta la vie
à don André. Comme il était neveu du corrégidor de Valladolid,
homme violent et mortel ennemi de la maison de Mello, don Alvar
crut ne pouvoir assez tôt sortir de la ville. Il revint promptement au
logis, où, pendant qu'on lui préparait un cheval, il me conta ce qui
venait de lui arriver. « Ma chère Mencia, me dit-il ensuite, il faut
nous séparer, c'est une nécessité. Vous connaissez le corrégidor : ne
nous flattons point, il va me poursuivre vivement. Vous n'ignorez
pas quel est son crédit; je ne serai pas en sûreté dans le royaume. »
Il était si pénétré de sa douleur et plus encore de celle dont il me
voyait saisie, qu'il n'en put dire davantage. Je lui fis prendre de l'or
et quelques pierreries; puis il me tendit les bras, et nous ne fîmes,
pendant un quart d'heure, que confondre nos soupirs et nos larmes.
Enfin, on vint l'avertir que le cheval était prêt. Il s'arrache d'auprès
de moi; il part, et me laisse dans un état qu'on ne saurait exprimer :
heureuse si l'excès de mon affliction m'eût fait alors mourir! Que
ma mort m'aurait épargné de peines et d'ennuis! Quelques heures
après que don Alvar fut parti, le corrégidor apprit sa fuite. Il le fit
poursuivre par tous les alguazils de Valladolid, et n'épargna rien
pour l'avoir en sa puissance. Mon époux, toutefois, trompa son res-
sentiment et sut se mettre en sûreté; de manière que, le juge se
voyant réduit à borner sa vengeance à la seule satisfaction d'ôter les
biens à un homme dont il aurait voulu verser le sang, il n'y travailla
pas en vain. Tout ce que don Alvar pouvait avoir de fortune fut
confisqué.

« Je demeurai dans une situation très-affligeante; j'avais à peine de
quoi subsister. Je commençai à mener une vie retirée, n'ayant qu'une
femme pour tout domestique. Je passais les jours à pleurer, non une
indigence que je supportais patiemment, mais l'absence d'un époux
chéri, dont je ne recevais aucune nouvelle.

« Il m'avait pourtant promis, dans nos tristes adieux, qu'il aurait
soin de m'informer de son sort, dans quelque endroit du monde où

sa mauvaise étoile pût le conduire. Cependant sept années s'écou-
lèrent sans que j'entendisse parler de lui. L'incertitude où j'étais de
sa destinée me causait une profonde tristesse. Enfin, j'appris qu'en
combattant pour le roi de Portugal, dans le royaume de Fez, il avait
perdu la vie dans une bataille. Un homme revenu depuis d'Afrique
me fit ce rapport, en m'assurant qu'il avait parfaitement connu don
Alvar de Mello; qu'il avait servi dans l'armée portugaise avec lui, et
qu'il l'avait vu périr dans l'action. Il ajoutait à cela d'autres cir-
constances encore qui achevèrent de me persuader que mon époux
n'était plus : ce rapport ne servit qu'à fortifier ma douleur et qu'à
me faire prendre la résolution de ne jamais me remarier. Dans ce
temps-là, don Ambrosio Mesia Carrillo, marquis de la Guardia, vint
à Valladolid. C'était un de ces vieux seigneurs qui, par leurs manières galantes et polies, font oublier leur âge, et savent encore
plaire aux femmes. Un jour, on lui conta, par hasard, l'histoire de
don Alvar; et, sur le portrait qu'on lui fit de moi, il eut envie de me
voir. Pour satisfaire sa curiosité, il gagna une de mes parentes, qui,
d'accord avec lui, m'attira chez elle. Il s'y trouva. Il me vit, et je lui
plus, malgré l'impression de douleur qu'on remarquait sur mon
visage; mais, que dis-je, malgré? peut-être ne fut-il touché que de
mon air triste et languissant qui le prévenait en faveur de ma fidé-
lité. Ma mélancolie, peut-être, fit naître son amour. Aussi bien il
me dit plus d'une fois qu'il me regardait comme un prodige de
constance, et même qu'il enviait le sort de mon mari, quelque déplorable qu'il fût d'ailleurs. En un mot, il fut frappé de ma vue, et
il n'eut pas besoin de me voir une seconde fois pour former la résolution de m'épouser.

« Il choisit l'entremise de ma parente pour me faire agréer son dessein. Elle me vint trouver, et me représenta que mon époux ayant
achevé son destin dans le royaume de Fez, comme on nous l'avait
rapporté, il n'était pas raisonnable d'ensevelir plus longtemps mes
charmes; que j'avais assez pleuré un homme avec qui je n'avais été
unie que quelques moments, et que je devais profiter de l'occasion qui se présentait; que je serais la plus heureuse femme du
monde. Là-dessus elle me vanta la noblesse du vieux marquis, ses
grands biens et son bon caractère; mais elle eut beau s'étendre avec
éloquence sur tous les avantages qu'il possédait, elle ne put me persuader. Ce n'est pas que je doutasse de la mort de don Alvar, ni que
la crainte de le revoir tout à coup, lorsque j'y penserais le moins,
m'arrêtât. Le peu de penchant, ou plutôt la répugnance que je me

sentais pour un second mariage, après tous les malheurs du premier, faisait le seul obstacle que ma parente eût à lever. Aussi ne se rebuta-t-elle point; au contraire, son zèle pour don Ambrosio en redoubla. Elle engagea toute ma famille dans les intérêts de ce vieux seigneur. Mes parents commencèrent à me presser d'accepter un parti si avantageux : j'en étais à tout moment obsédée, importunée, tourmentée. Il est vrai que ma misère, qui devenait de jour en jour plus grande, ne contribua pas peu à laisser vaincre ma résistance; il ne fallait pas moins que l'affreuse nécessité où j'étais pour m'y déterminer.

« Je ne pus donc m'en défendre; je cédai à leurs pressantes instances, et j'épousai le marquis de Guardia qui, dès le lendemain de mes noces, m'emmena dans un très-beau château qu'il a auprès de Burgos, entre Grajal et Rodillas. Il conçut pour moi un amour violent : je remarquais dans toutes ses actions une envie de me plaire; il s'étudiait à prévenir mes moindres désirs. Jamais époux n'a eu tant d'égards pour une femme, et jamais amant n'a fait voir tant de complaisance pour une maîtresse. J'admirais un homme d'un caractère si aimable, et je me consolais, en quelque façon, de la perte de don Alvar, puisque, enfin, je faisais le bonheur d'un seigneur tel que le marquis. Je l'aurais passionnément aimé, malgré la disproportion de nos âges, si j'eusse été capable d'aimer quelqu'un après don Alvar. Mais les cœurs constants ne sauraient avoir qu'une passion. Le souvenir de mon premier époux rendait inutiles tous les soins que le second prenait pour me plaire. Je ne pouvais donc payer sa tendresse que de purs sentiments de reconnaissance.

« J'étais dans cette disposition, quand, prenant l'air, un jour, à une fenêtre de mon appartement, j'aperçus, dans le jardin, une manière de paysan qui me regardait avec attention. Je crus que c'était un garçon jardinier. Je pris peu garde à lui; mais le lendemain, m'étant remise à la fenêtre, je le vis au même endroit, et il me parut encore fort attaché à me considérer. Cela me frappa. Je l'envisageai à mon tour; et, après l'avoir observé quelque temps, il me sembla reconnaître les traits du malheureux don Alvar. Cette ressemblance excita dans tous mes sens un trouble inconcevable : je poussai un cri. J'étais alors, par bonheur, seule avec Inès, celle de mes femmes qui avait le plus de part à ma confiance. Je lui dis le soupçon qui agitait mes esprits. Elle ne fit qu'en rire, et elle s'imagina qu'une légère ressemblance avait trompé mes yeux. « Rassurez-vous, madame, me dit-elle, et ne pensez pas que vous ayez vu votre premier époux.

Quelle apparence y a-t-il qu'il soit ici sous une forme de paysan? est-il même croyable qu'il vive encore? Je vais, ajouta-t-elle, pour vous mettre l'esprit en repos, descendre au jardin et parler à ce villageois; je saurai quel homme c'est, et je viendrai, dans un moment, vous l'apprendre. » Inès alla donc au jardin; et, peu de temps après, je la vis rentrer dans mon appartement, fort émue. « Madame, dit-elle, votre soupçon n'est que trop bien éclairci : c'est don Alvar lui-même que vous venez de voir; il s'est découvert d'abord, et il vous demande un entretien secret. »

« Comme je pouvais, à l'heure même, recevoir don Alvar, parce que le marquis était à Burgos, je chargeai ma suivante de me l'amener dans mon cabinet, par un escalier dérobé. Vous jugez bien que j'étais dans une terrible agitation. Je ne pus soutenir la vue d'un homme qui était en droit de m'accabler de reproches : je m'évanouis dès qu'il se présenta devant moi. Ils me secoururent promptement, Inès et lui; et, quand ils m'eurent fait revenir de mon évanouissement, don Alvar me dit : « Madame, remettez-vous, de grâce; que ma présence ne soit pas un supplice pour vous; je n'ai pas dessein de vous faire la moindre peine. Je ne viens point en époux furieux vous demander compte de la foi jurée, et vous faire un crime du second engagement que vous avez contracté. Je n'ignore pas que c'est l'ouvrage de votre famille : je suis instruit de toutes les persécutions que vous avez souffertes à ce sujet. D'ailleurs, on a répandu dans Valladolid le bruit de ma mort; et vous l'avez cru avec d'autant plus de fondement, qu'aucune lettre de ma part ne vous assurait du contraire. Enfin, je sais de quelle manière vous avez vécu depuis notre cruelle séparation, et que la nécessité, plutôt que l'amour, vous a jetée dans les bras du marquis. » — « Ah! seigneur, interrompis-je en pleurant, pourquoi voulez-vous excuser votre épouse? elle est coupable, puisque vous vivez. Que ne suis-je encore dans la misérable situation où j'étais avant que d'épouser don Ambrosio! Funeste hyménée! hélas! j'aurais du moins, dans ma misère, la consolation de vous revoir sans rougir. »

— « Ma chère Mencia, reprit don Alvar d'un air qui marquait jusqu'à quel point il était pénétré de mes larmes, je ne me plains pas de vous; et, bien loin de vous reprocher l'état brillant où je vous retrouve, je jure que j'en rends grâces au ciel. Depuis le jour de mon départ de Valladolid, j'ai toujours eu la fortune contraire : ma vie n'a été qu'un enchaînement d'infortunes; et, pour comble de malheurs, je n'ai pu vous donner de mes nouvelles. Trop sûr de

votre amour, je me représentais sans cesse la situation où ma fatale
tendresse vous avait réduite; je me peignais dona Mencia dans les
pleurs : vous faisiez le plus grand de mes maux. Quelquefois, je
l'avouerai, je me suis reproché comme un crime le bonheur de
vous avoir plu. J'ai souhaité que vous eussiez eu du penchant
pour quelqu'un de mes rivaux, puisque la préférence que vous
m'aviez donnée sur eux vous coûtait si cher. Cependant, après sept
années de souffrances, plus épris de vous que jamais, j'ai voulu
vous revoir. Je n'ai pu résister à cette envie, et la fin d'un long
esclavage m'ayant permis de la satisfaire, j'ai été, sous ce déguise-
ment à Valladolid au hasard d'être découvert. Là, j'ai tout appris.
Je suis venu ensuite à ce château, et j'ai trouvai moyen de m'in-
troduire chez le jardinier, qui m'a retenu pour travailler dans les
jardins. Voilà de quelle manière je me suis conduit pour parvenir à
vous parler secrétement. Mais ne vous imaginez pas que j'ai dessein
de troubler, par mon séjour ici, la félicité dont vous jouissez. Je vous
aime plus que moi-même; je respecte votre repos, et je vais, après
cet entretien, achever, loin de vous, de tristes jours que je vous
sacrifie. »

— « Non, don Alvar, non, m'écriai-je à ces paroles; le ciel ne vous
a point amené ici pour rien, et je ne souffrirai pas que vous me
quittiez une seconde fois; je veux partir avec vous; il n'y a que la
mort qui puisse désormais nous séparer. » — « Croyez-moi, reprit-il,
vivez avec don Ambrosio; ne vous associez point à mes malheurs;
laissez-m'en soutenir tout le poids. » Il me dit encore d'autres choses
semblables; mais, plus il paraissait vouloir s'immoler à mon bonheur, moins je me sentais disposée à y consentir. Lorsqu'il me vit
ferme dans la résolution de le suivre, il changea tout à coup de ton;
et, prenant un air plus content : « Madame, me dit-il, est-il possible
que vous soyez dans les sentiments où vous paraissez être? ah!
puisque vous m'aimez encore assez pour préférer ma misère à la
prospérité où vous vous trouvez, allons donc demeurer à Bétancos,
dans le fond du royaume de Galice. J'ai là une retraite assurée. Si
mes disgrâces m'ont ôté tous mes biens, elles ne m'ont point fait
perdre tous mes amis; il m'en reste encore de fidèles, qui m'ont
mis en état de vous enlever. J'ai fait faire un carrosse à Zamora, par
leur secours; j'ai acheté des mules et des chevaux, et je suis accompagné de trois Galiciens des plus résolus. Ils sont armés de carabines
et de pistolets, et ils attendent mes ordres dans le village de Rodillas.
Profitons, ajouta-t-il, de l'absence de don Ambrosio. Je vais faire

« ... Il entrait même et sortait, le plus souvent, sans me regarder... » p. 61.

venir le carrosse jusqu'à la porte de ce château, et nous partirons dans le moment. » J'y consentis. Don Alvar vola vers Rodillas, et revint en peu de temps, avec ses trois cavaliers, m'enlever au milieu de mes femmes qui, ne sachant que penser de cet enlèvement, se sauvèrent fort effrayées. Inès seule était au fait; mais elle refusa de lier son sort au mien, parce qu'elle aimait un valet de chambre de don Ambrosio : ce qui prouve bien que l'attachement de nos plus zélés domestiques n'est point à l'épreuve de l'amour.

8

« Je montai donc en carrosse avec don Alvar, n'emportant que mes
habits et quelques pierreries que j'avais avant mon second mariage ;
car je ne voulais rien prendre de ce que le marquis m'avait donné
en m'épousant. Nous prîmes la route du royaume de Galice, sans
savoir si nous serions assez heureux pour y arriver. Nous avions
sujet de craindre que don Ambrosio, à son retour, ne se mît sur nos
traces avec un grand nombre de personnes, et ne nous joignît. Cependant nous marchâmes pendant deux jours sans voir paraître à nos
trousses aucun cavalier. Nous espérions que la troisième journée
se passerait de même, et déjà nous nous entretenions fort tranquillement. Don Alvar me contait la triste aventure qui avait donné lieu
au bruit de sa mort, et comment, après cinq années d'esclavage, il
avait recouvré la liberté, quand nous rencontrâmes, hier, sur le
chemin de Léon, les voleurs avec qui vous étiez. C'est lui qu'ils ont
tué avec tous ses gens, et c'est lui qui fait couler les pleurs que vous
me voyez répandre en ce moment. »

CHAPITRE XII

De quelle manière désagréable Gil Blas et la dame furent interrompus.

Dona Mencia fondit en larmes après avoir achevé ce récit. Bien loin d'entreprendre de la consoler par des discours dans le goût de Sénèque, je la laissai donner un libre cours à ses soupirs; je pleurai même aussi, tant il est naturel de s'intéresser pour les malheureux, et particulièrement pour une belle personne affligée! J'allais lui demander quel parti elle voulait prendre dans la conjoncture où elle se trouvait, et peut-être allait-elle me consulter là-dessus, si notre conversation n'eût pas été interrompue : mais nous entendîmes dans l'hôtellerie un grand bruit qui, malgré nous, attira notre attention. Ce bruit était causé par l'arrivée du corrégidor, suivi de deux alguazils (1) et de plusieurs archers. Ils vinrent dans la chambre où nous étions. Un jeune cavalier, qui les accompagnait, s'approcha de moi le premier, et se mit à regarder de près mon habit. Il n'eut pas besoin de l'examiner longtemps. « Par saint Jacques, s'écria-t-il, voilà mon pourpoint! c'est lui-même; il n'est pas plus difficile à reconnaître que mon cheval. Vous pouvez arrêter ce galant sur ma parole; je ne crains pas de m'exposer à lui faire réparation d'honneur : je suis sûr que c'est un de ces voleurs qui ont une retraite inconnue en ce pays-ci. »

A ce discours qui m'apprenait que ce cavalier était le gentilhomme volé, dont j'avais, par malheur, toute la dépouille, je demeurai surpris, confus, déconcerté. Le corrégidor, que sa charge obligeait plutôt à tirer une mauvaise conséquence de mon embarras qu'à l'expliquer favorablement, jugea que l'accusation n'était pas mal fondée; et, présumant que la dame pouvait être complice, il nous fit emprisonner tous deux séparément. Ce juge n'était pas de ceux qui ont le regard terrible; il avait l'air doux et riant. Dieu sait s'il en valait mieux pour cela! Sitôt que je fus en prison, il y vint avec ses deux furets, c'est-à-dire ses alguazils; ils entrèrent d'un air joyeux; il semblait qu'ils eussent un pressentiment qu'ils allaient faire une

_____

(1) L'alguazil est une manière d'exempt, un huissier exécuteur des ordres du corrégidor.

bonne affaire. Ils n'oublièrent pas leur bonne coutume : ils commencèrent par me fouiller. Quelle aubaine pour ces messieurs! Ils n'avaient jamais peut-être fait un si beau coup. A chaque poignée de pistoles qu'ils tiraient, je voyais leurs yeux étinceler de joie. Le corrégidor surtout paraissait hors de lui-même. « Mon enfant, me disait-il d'un ton de voix plein de douceur, nous faisons notre charge; mais ne crains rien; si tu n'es pas coupable, on ne te fera point de mal. »

Cependant ils vidèrent tout doucement mes poches, et me prirent même ce que les voleurs avaient respecté, je veux dire les quarante ducats de mon oncle. Ils n'en demeurèrent pas là : leurs mains avides et infatigables me parcoururent depuis la tête jusqu'aux pieds; ils me tournèrent de tous côtés, et me dépouillèrent pour voir si je n'avais point d'argent entre la peau et la chemise. Je crois qu'ils m'auraient volontiers ouvert le ventre pour voir s'il n'y en avait point dedans. Après qu'ils eurent si bien fait leur charge, le corrégidor m'interrogea. Je lui contai ingénument tout ce qui m'était arrivé. Il fit écrire ma déposition; puis il sortit avec ses gens et mes espèces, me laissant tout nu sur la paille.

O vie humaine! m'écriai-je, quand je me vis seul et dans cet état, que tu es remplie d'aventures bizarres et de contre-temps! Depuis que je suis sorti d'Oviédo, je n'éprouve que des disgrâces : à peine suis-je hors d'un péril, que je retombe dans un autre. En arrivant dans cette ville, j'étais bien éloigné de penser que j'y ferais sitôt connaissance avec le corrégidor. En faisant ces réflexions inutiles, je remis le maudit pourpoint et le reste de l'habillement qui m'avait porté malheur; puis, m'exhortant moi-même à prendre courage : Allons, dis-je, Gil Blas, aie de la fermeté; songe qu'après ce temps il en viendra peut-être un plus heureux. Te sied-il bien de te désespérer dans une prison ordinaire, après avoir fait un si pénible essai de patience dans le souterrain? Mais, hélas! ajoutai-je tristement, je m'abuse. Comment pourrais-je sortir d'ici? On vient de m'en ôter les moyens, puisqu'un prisonnier sans argent est un oiseau à qui l'on a coupé les ailes.

Au lieu de la perdrix et du lapereau que j'avais fait mettre à la broche, on m'apporta un petit pain bis avec une cruche d'eau, et on me laissa ronger mon frein dans mon cachot. J'y demeurai quinze jours entiers sans voir personne que le concierge, qui avait soin de venir, tous les matins, renouveler ma provision. Dès que je le voyais, j'affectais de lui parler, je tâchais de lier conversation avec lui pour me désennuyer un peu; mais ce personnage ne répondait rien à tout

ce que je lui disais; il ne me fut pas possible d'en tirer une parole;
il entrait même et sortait le plus souvent sans me regarder. Le
seizième jour, le corrégidor parut et me dit : « Enfin, mon ami, tes
peines sont finies; tu peux t'abandonner à la joie; je viens t'annon-
cer une agréable nouvelle. J'ai fait conduire à Burgos la dame qui
était avec toi; je l'ai interrogée avant son départ, et ses réponses
vont à ta décharge. Tu seras élargi dès aujourd'hui, pourvu que le
muletier avec qui tu es venu de Pegnaflor à Cacabelos, comme tu
me l'as dit, confirme ta déposition. Il est dans Astorga. Je l'ai envoyé
chercher; je l'attends : s'il convient de l'aventure de la question, je
te mettrai sur-le-champ en liberté. »

Ces paroles me réjouirent. Dès ce moment, je me crus hors d'affaire. Je remerciai le juge de la bonne et briève justice qu'il voulait
me rendre; et je n'avais pas encore achevé mon compliment, que le
muletier, conduit par deux archers, arriva. Je le reconnus aussitôt;
mais le bourreau de muletier, qui sans doute avait vendu ma valise
avec tout ce qui était dedans, craignant d'être obligé de restituer
l'argent qu'il en avait touché, s'il avouait qu'il me reconnaissait, dit
effrontément qu'il ne savait qui j'étais et qu'il ne m'avait jamais vu.
« Ah! traître, m'écriai-je, confesse plutôt que tu as vendu mes hardes,
et rends témoignage à la vérité. Regarde-moi bien, je suis un de ces
jeunes gens que tu menaças de la question, dans le bourg de Cacabelos, et à qui tu fis grand'peur. » Le muletier répondit d'un air froid
que je lui parlais d'une chose dont il n'avait aucune connaissance;
et, comme il soutint jusqu'au bout que je lui étais inconnu, mon
élargissement fut remis à une autre fois. « Mon enfant, me dit le
corrégidor, tu vois bien que le muletier ne convient pas de ce que
tu as déposé; ainsi je ne puis te rendre la liberté, quelque envie
que j'en aie. » Il fallut m'armer d'une nouvelle patience, me résoudre
à jeûner encore au pain et à l'eau, et à voir le silencieux concierge.
Quand je songeais que je ne pouvais me tirer des griffes de la justice, bien que je n'eusse pas commis le moindre crime, cette pensée
me mettait au désespoir; je regrettais le souterrain. Dans le fonds,
disais-je, j'y avais moins de désagrément que dans ce cachot : je
faisais bonne chère avec les voleurs, je m'entretenais avec eux
agréablement, et je vivais dans la douce espérance de m'échapper;
au lieu que, malgré mon innocence, je serai peut-être trop heureux
de sortir d'ici pour aller aux galères.

CHAPITRE XIII

Par quel hasard Gil Blas sortit enfin de prison et où il alla.

Tandis que je passais les jours à m'égarer dans mes réflexions, mes aventures, telles que je les avais dictées dans ma déposition, se répandirent dans la ville. Plusieurs personnes me voulurent voir, par curiosité. Ils venaient l'un après l'autre se présenter à une petite fenêtre par où le jour entrait dans ma prison, et, lorsqu'ils m'avaient considéré quelque temps, ils s'en allaient. Je fus surpris de cette nouveauté. Depuis que j'étais prisonnier, je n'avais pas vu un seul homme se montrer à cette fenêtre qui donnait sur une cour, où régnaient le silence et l'horreur. Je compris par là que je faisais du bruit dans la ville; mais je ne savais si j'en devais concevoir un bon ou un mauvais présage.

Un de ceux qui s'offrirent des premiers à ma vue fut le petit chantre de Mondonedo, qui avait, aussi bien que moi, craint la question et pris la fuite. Je le reconnus et il ne feignit point de me méconnaître. Nous nous saluâmes de part et d'autre; puis nous nous engageâmes dans un long entretien. Je fus obligé de faire un nouveau détail de mes aventures, ce qui produisit deux effets dans l'esprit de mes auditeurs : je les fis rire, et je m'attirai leur pitié. De son côté, le chantre me conta ce qui s'était passé dans l'hôtellerie de Cacabelos, entre le muletier et la jeune femme, après qu'une terreur panique nous en eut écartés; en un mot, il m'apprit tout ce que j'en ai dit ci-devant. Ensuite, prenant congé de moi, il me promit que, sans perdre de temps, il allait travailler à ma délivrance. Alors toutes les personnes qui étaient venues là, comme lui par curiosité, me témoignèrent que mon malheur excitait leur compassion; ils m'assurèrent même qu'ils se joindraient au petit chantre, et feraient tout leur possible pour me procurer la liberté.

Ils tinrent effectivement leur promesse. Ils parlèrent en ma faveur

au corrégidor, qui, ne doutant plus de mon innocence, surtout lorsque le chantre lui eut conté ce qu'il savait, vint trois semaines après
dans ma prison.

« Gil Blas, me dit-il, je pourrais encore te retenir ici, si j'étais
un juge plus sévère; mais je ne veux pas traîner les choses en
longueur : va, tu es libre, tu peux sortir quand il te plaira. Mais,
dis-moi, poursuivit-il, si l'on te menait dans la forêt où est le souterrain, ne pourrais-tu pas le découvrir? »

— « Non, seigneur, lui répondis-je : comme je n'y suis entré
que la nuit, et que j'en suis sorti avant le jour, il me serait impossible de reconnaître l'endroit où il est. »

Là-dessus, le juge se retira, en disant qu'il allait ordonner au
concierge de m'ouvrir les portes. En effet, un moment après, le
geôlier vint dans mon cachot avec un de ses guichetiers qui portait
un paquet de toile. Ils m'ôtèrent tous deux, d'un air grave et sans
me dire un seul mot, mon pourpoint et mon haut-de-chausses, qui
étaient d'un drap fin et presque neuf; puis, m'ayant revêtu d'une
vieille souquenille, ils me mirent dehors par les épaules.

La confusion que j'avais de me voir si mal équipé modérait la
joie qu'ont ordinairement les prisonniers de recouvrer leur liberté.
J'étais tenté de sortir de la ville à l'heure même, pour me soustraire
aux yeux du peuple, dont je ne soutenais les regards qu'avec peine.
Ma reconnaissance pourtant l'emporta sur ma honte : j'allai remercier le petit chantre, à qui j'avais tant d'obligation. Il ne put s'empêcher de rire lorsqu'il m'aperçut.

« Comme vous voilà! me dit-il : je ne vous ai pas reconnu d'abord
sous cet habillement; la justice, à ce que je vois, vous en a donné
de toutes les façons. »

— « Je ne me plains pas de la justice, lui répondis-je, elle est
très-équitable; je voudrais seulement que tous ses officiers fussent
d'honnêtes gens : ils devaient du moins me laisser mon habit; il me
semble que je ne l'avais pas mal payé. »

— « J'en conviens, reprit-il; mais on vous dira que ce sont des
formalités qui s'observent. Eh! vous imaginez-vous, par exemple,
que votre cheval ait été rendu à son premier maître? Non pas, s'il
vous plaît; il est actuellement dans les écuries du greffier, où il a
été déposé comme preuve du vol : je ne crois pas que le pauvre
gentilhomme en retire seulement la croupière. Mais changeons de
discours, continua-t-il. Quel est votre dessein? Que prétendez-vous
faire présentement? »

— « J'ai envie, lui dis-je, de prendre le chemin de Burgos : j'irai trouver là dame dont je suis le libérateur ; elle me donnera quelques pistoles ; j'achèterai une soutanelle neuve, et me rendrai à Salamanque, où je tâcherai de mettre mon latin à profit. Tout ce qui m'embarrasse, c'est que je ne suis point encore à Burgos : il faut vivre sur la route ; vous n'ignorez pas qu'on fait fort mauvaise chère quand on voyage sans argent. »

— « Je vous entends, répliqua-t-il, et je vous offre ma bourse : elle est un peu plate, à la vérité ; mais vous savez qu'un chantre n'est pas un évêque. »

En même temps, il la tira et me la mit entre les mains, de si bonne grâce que je ne pus me défendre de la retenir telle qu'elle était. Je le remerciai comme s'il m'eût donné tout l'or du monde, et je lui fis mille protestations de service qui n'ont jamais eu d'effet. Après cela, je le quittai et sortis de la ville sans aller voir les autres personnes qui avaient contribué à mon élargissement ; je me contentai de leur donner en moi-même mille bénédictions.

Le petit chantre avait eu raison de ne me pas vanter sa bourse ; j'y trouvai très-peu d'espèces, et quelles espèces encore ! de la menue monnaie : par bonheur, j'étais accoutumé, depuis deux mois, à une vie très-frugale, et il me restait encore quelques réaux lorsque j'arrivai au bourg de Ponte de Mula, qui n'est pas éloigné de Burgos.

Je m'y arrêtai pour demander des nouvelles de doña Mencia. J'entrai dans une hôtellerie dont l'hôtesse était une petite femme sèche, vive et hagarde. Je m'aperçus d'abord, à la mauvaise mine qu'elle me fit, que ma souquenille n'était guère de son goût ; ce que je lui pardonnai volontiers. Je m'assis à une table. Je mangeai du pain et du fromage et bus quelques coups d'un vin détestable qu'on m'apporta. Pendant ce repas, qui s'accordait assez avec mon habillement, je voulus entrer en conversation avec l'hôtesse, qui me fit assez connaître, par une grimace dédaigneuse, qu'elle méprisait mon entretien. Je la priai de me dire si elle connaissait le marquis de la Guardia, si son château était éloigné du bourg, et surtout si elle savait ce que la marquise sa femme pouvait être devenue.

« Vous demandez bien des choses, me répondit-elle d'un air plein de fierté. »

Elle m'apprit pourtant, quoique de fort mauvaise grâce, que le château de don Ambrosio n'était qu'à une petite lieue de Ponte de Mula.

« ... Sans me donner rien autre chose qu'une bague... » page 72.

Après que j'eus achevé de boire et de manger, comme il était nuit, je témoignai que je souhaitais de me reposer, et je demandai une chambre.

« A vous une chambre! me dit l'hôtesse en me lançant un regard où le mépris était peint; je n'ai point de chambre pour les gens qui font leur souper d'un morceau de fromage. Tous mes lits sont retenus. J'attends des cavaliers d'importance, qui doivent venir loger ici ce soir. Tout ce que je puis faire pour votre service, c'est de vous mettre dans ma grange : ce ne sera pas, je pense, la première fois que vous aurez couché sur la paille. »

Elle ne croyait pas si bien dire qu'elle disait. Je ne répliquai point à son discours, et je me déterminai sagement à gagner le pailler, sur lequel je m'endormis bientôt, comme un homme qui, depuis longtemps, était fait à la fatigue.

CHAPITRE XIV

De la réception que dona Mencia lui fit à Burgos.

Je ne fus pas paresseux à me lever, le lendemain matin. J'allai compter avec l'hôtesse, qui était déjà sur pied et qui me parut un peu moins fière et de meilleure humeur que le soir précédent; ce que j'attribuai à la présence de trois honnêtes archers de la sainte Hermandad, qui s'entretenaient avec elle d'une façon très-familière. Ils avaient couché dans l'hôtellerie; et c'était sans doute pour ces cavaliers d'importance que tous les lits avaient été retenus.

Je demandai, dans le bourg, le chemin du château où je voulais me rendre. Je m'adressai par hasard à un homme du caractère de mon hôte de Pegnaflor. Il ne se contenta pas de répondre à la question que je lui faisais; il m'apprit que don Ambrosio était mort depuis trois semaines, et que la marquise, sa femme, était retirée dans un couvent de Burgos, qu'il me nomma. Je marchai aussitôt vers cette ville, au lieu de suivre la route du château, comme j'en avais eu dessein auparavant, et je volai d'abord au monastère où demeurait dona Mencia. Je priai la tourière de dire à cette dame qu'un jeune homme, nouvellement sorti des prisons d'Astorga, souhaitait de lui parler. La tourière alla sur-le-champ faire ce que je désirais. Elle revint un moment après, et me fit entrer dans un parloir, où je ne fus pas longtemps sans voir paraître, en grand deuil, à la grille, la veuve de don Ambrosio.

« Soyez le bien venu, me dit cette dame d'un air gracieux. Il y a quatre jours que j'ai écrit à une personne d'Astorga. Je lui mandais de vous aller trouver de ma part, et de vous dire que je vous priais instamment de me venir chercher au sortir de votre prison. Je ne doutais pas qu'on ne vous élargît bientôt : les choses que j'avais dites au corrégidor, à votre décharge, suffisaient pour cela. Aussi m'a-t-on fait réponse que vous aviez recouvré la liberté, mais qu'on ne savait ce que vous étiez devenu. Je craignais de ne plus vous revoir et d'être privée du plaisir de vous témoigner ma reconnaissance, ce qui m'aurait bien mortifiée. Consolez-vous, ajouta-t-elle en remarquant la honte que j'avais de me présenter à ses yeux sous un misérable habillement; que l'état où je vous vois ne vous fasse point de peine. Après le service important que vous m'avez rendu, je serais la plus ingrate de toutes les femmes, si je ne faisais rien pour vous. Je prétends vous tirer de la mauvaise situation où vous êtes; je le dois et je le puis. J'ai des biens assez considérables pour pouvoir m'acquitter envers vous sans m'incommoder.

« Vous savez, continua-t-elle, mes aventures, jusqu'au jour où nous fûmes emprisonnés tous deux; je vais vous conter ce qui m'est arrivé depuis ce temps-là. Lorsque le corrégidor d'Astorga m'eut fait conduire à Burgos, après avoir entendu de ma bouche un fidèle récit de mon histoire, je me rendis au château d'Ambrosio. Mon retour y causa une extrême surprise; mais on me dit que je revenais trop tard; que le marquis, frappé de ma fuite comme d'un coup de foudre, était tombé malade, et que les médecins désespéraient de sa vie. Ce fut pour moi un nouveau sujet de me plaindre de la rigueur de ma destinée. Cependant je le fis avertir que je venais d'arriver. Puis, j'entrai dans sa chambre et courus me jeter à genoux au chevet de son lit, le visage couvert de larmes, et le cœur pressé de la plus vive douleur. « Qui vous ramène ici? me dit-il, dès qu'il m'aperçut : venez-vous contempler votre ouvrage? Ne vous suffit-il pas de m'ôter la vie? Faut-il, pour vous contenter, que vos yeux soient témoins de ma mort? » — « Seigneur, répondis-je, Inès a dû vous dire que je fuyais avec mon premier époux, et, sans le triste accident qui me l'a fait perdre, vous ne m'auriez jamais revue. » En même temps, je lui appris que don Alvar avait été tué par des voleurs, qu'ensuite on m'avait menée dans un souterrain. Je racontai tout le reste; et, lorsque j'eus achevé de parler, don Ambrosio me tendit la main. « C'est assez, me dit-il tendrement, je cesse de me plaindre de vous. Eh! dois-je, en effet, vous faire des reproches? Vous retrouvez un époux chéri, vous m'abandonnez pour le suivre; puis-je blâmer cette conduite? Non, madame, j'aurais tort d'en murmurer. Aussi n'ai-je pas voulu qu'on vous poursuivît, quoique ma mort fût attachée au malheur de vous perdre. Je respectais dans votre ravisseur ses droits sacrés et le penchant même que vous aviez pour lui. Enfin, je vous fais justice, et par votre retour ici, vous regagnez toute ma tendresse. Oui, ma chère Mencia, votre présence me comble de joie; mais, hélas! je n'en jouirai pas longtemps. Je sens approcher ma dernière heure. A peine m'êtes-vous rendue, qu'il faut vous dire un éternel adieu. » A ces paroles touchantes, mes pleurs redoublèrent. Je ressentis et fis

éclater une affection immodérée. Don Alvar que j'adorais m'a fait
verser moins de larmes. Don Ambrosio n'avait pas un faux pressentiment de sa mort; il mourut le lendemain, et je demeurai maitresse
du bien considérable dont il m'avait avantagée en m'épousant. Je
n'en prétends pas faire mauvais usage. On ne me verra point,
quoique je sois jeune encore, passer dans les bras d'un troisième
époux. Outre que cela ne convient, ce me semble, qu'à des femmes
sans pudeur et sans délicatesse, je vous dirai que je n'ai plus de
goût pour le monde; je veux finir mes jours dans ce couvent, et en
devenir une bienfaitrice. »

Tel fut le discours que me tint dona Mencia. Puis elle tira de
dessous sa robe une bourse qu'elle me mit entre les mains, en me
disant : « Voilà cent ducats que je vous donne, seulement pour vous
faire habiller. Revenez me voir après cela; je n'ai pas dessein de
borner ma reconnaissance à si peu de chose. » Je rendis mille
grâces à la dame, et lui jurai que je ne sortirai point de Burgos
sans prendre congé d'elle. Ensuite de ce serment, que je n'avais
pas envie de violer, j'allai chercher une hôtellerie. J'entrai dans la
première que je rencontrai. Je demandai une chambre; et, pour
prévenir la mauvaise opinion que ma souquenille pouvait encore
donner de moi, je dis à l'hôte que, tel qu'il me voyait, j'étais en état
de bien payer mon gîte. A ces mots, l'hôte, appelé Majuelo, grand
railleur de son naturel, me parcourant des yeux depuis le haut
jusqu'en bas, me répondit, d'un air froid et malin, qu'il n'avait pas
besoin de cette assurance pour être persuadé que je ferais beaucoup
de dépense chez lui; qu'au travers de mon habillement il démêlait
en moi quelque chose de noble, et qu'enfin il ne doutait pas que je
ne fusse un gentilhomme fort aisé. Je vis bien que le traître me
raillait; et, pour mettre fin tout à coup à ses plaisanteries, je lui
montrai ma bourse. Je comptai même devant lui mes ducats sur
une table, et je m'aperçus que mes espèces le disposaient à juger de
moi plus favorablement. Je le priai de me faire venir un tailleur.
« Il vaut mieux, me dit-il, envoyer chercher un fripier : il vous
apportera toute sortes d'habits, et vous serez habillé sur-le-champ. »
J'approuvai ce conseil, et résolus de le suivre; mais, comme le jour
était prêt à se fermer, je remis l'emplette au lendemain, et je ne
songeai qu'à bien souper, pour me dédommager des mauvais repas
que j'avais faits depuis ma sortie du souterrain.

CHAPITRE XV

De quelle façon s'habilla Gil Blas, du nouveau présent qu'il reçut
de la dame, et dans quel équipage il partit de Burgos.

On me servit une copieuse fricassée de pieds de mouton, que je
mangeai presque tout entière. Je bus à proportion; puis je me couchai. J'avais un assez bon lit, et j'espérais qu'un profond sommeil
ne tarderait guère à s'emparer de mes sens. Je ne pus toutefois
fermer l'œil; je ne fis que rêver à l'habit que je devais prendre. Que
faut-il que je fasse? disais-je. Suivrai-je mon premier dessein?
Achèterai-je une soutanelle pour aller à Salamanque chercher une
place de précepteur? Pourquoi m'habiller en licencié? Ai-je envie
de me consacrer à l'état ecclésiastique? Y suis-je entraîné par mon
penchant? Non, je me sens même des inclinations très-opposées à
ce parti-là. Je veux porter l'épée, et tâcher de faire fortune dans le
monde : ce fut à quoi je m'arrêtai.

Je me résolus à prendre un habit de cavalier, persuadé que, sous
cette forme, je ne pouvais manquer de parvenir à quelque poste
honnête et lucratif. Dans cette flatteuse opinion, j'attendis le jour
avec la dernière impatience, et ses premiers rayons ne frappèrent
pas plutôt mes yeux, que je me levai. Je fis tant de bruit dans l'hôtellerie que je réveillai tous ceux qui dormaient. J'appelai les valets
qui étaient encore au lit, et qui ne répondirent à ma voix qu'en me
chargeant de malédictions. Ils furent pourtant obligés de se lever,
et je ne leur donnai point de repos qu'ils ne m'eussent fait venir un
fripier. J'en vis bientôt paraître un qu'on m'amena. Il était suivi de
deux garçons qui portaient chacun un gros paquet de toile verte.
Il me salua fort civilement, et me dit : « Seigneur cavalier, vous êtes
bien heureux qu'on ce soit adressé à moi plutôt qu'à un autre. Je
ne veux point ici décrire mes confrères; à Dieu ne plaise que je
fasse le moindre tort à leur réputation! mais, entre nous, il n'y en
a pas un qui ait de la conscience; ils sont tous plus durs que des
juifs. Je suis le seul fripier qui ait de la morale. Je me borne à

un profit raisonnable ; je me contente de la livre pour sou, je veux dire, du sou pour livre. Grâces au ciel, j'exerce rondement ma profession. »

Le fripier, après ce préambule, que je pris sottement au pied de la lettre, dit à ses garçons de défaire leurs paquets. On me montra des habits en toutes sortes de couleurs. On m'en fit voir plusieurs de drap tout uni. Je les rejetai avec mépris, parce que je les trouvai trop modestes ; mais ils m'en firent essayer un qui semblait avoir été fait pour ma taille, et qui m'éblouit, quoiqu'il fût un peu passé. C'était un pourpoint à manches tailladées, avec un haut-de-chausses et un manteau, le tout de velours bleu et brodé d'or. Je m'attachai à celui-là, et je le marchandai. Le fripier, qui s'aperçut qu'il me plaisait, me dit que j'avais le goût délicat. « Vive Dieu ! s'écria-t-il, on voit bien que vous vous y connaissez. Apprenez que cet habit a été fait pour un des plus grands seigneurs du royaume et qu'il n'a pas été porté trois fois. Examinez-en le velours ; il n'y en a point de plus beau ; et, pour la broderie, avouez que rien n'est mieux travaillé. » — « Combien, lui dis-je, voulez-vous le vendre ? » — « Soixante ducats, répondit-il ; je les ai refusés, ou je ne suis pas un honnête homme. » L'alternative était convaincante. J'en offris quarante-cinq ; il en valait peut-être la moitié. « Seigneur gentilhomme, reprit froidement le fripier, je ne surfais point ; je n'ai qu'un mot. Tenez, continua-t-il en me présentant les habits que j'avais refusé, prenez ceux-ci ; je vous en ferai meilleur marché. » Il ne faisait qu'irriter, par là, l'envie que j'avais d'acheter celui que je marchandais ; et, comme je m'imaginai qu'il ne voulait rien rabattre, je lui comptai soixante ducats. Quand il vit que je les donnais si facilement, je crois que, malgré sa morale, il fut bien fâché de n'en avoir pas demandé davantage. Assez satisfait pourtant d'avoir gagné la livre pour sou, il sortit avec ses garçons, que je n'avais pas oubliés.

J'avais donc un manteau, un pourpoint et un haut-de-chausses fort propres. Il fallut songer au reste de l'habillement ; ce qui m'occupa toute la matinée. J'achetai du linge, un chapeau, des bas de soie, des souliers et une épée ; après quoi, je m'habillai. Quel plaisir j'avais de me voir si bien équipé ! Mes yeux ne pouvaient, pour ainsi dire, se rassasier de mon ajustement. Jamais paon n'a regardé son plumage avec plus de complaisance. Dès ce jour-là, je fis une seconde visite à doña Mencia, qui me reçut encore d'un air très-gracieux. Elle me remercia de nouveau du service que je lui avais rendu. Là-dessus, grands compliments de part et d'autre. Puis, me souhaitant toutes sortes de prospérités, elle me dit adieu et se retira sans me donner rien autre chose qu'une bague de trente pistoles, qu'elle me pria de garder pour me souvenir d'elle.

Je demeurai bien sot avec ma bague; j'avais compté sur un présent plus considérable. Ainsi, peu content de la générosité de la dame, je regagnai mon hôtellerie en rêvant; mais, comme j'y entrais, il y arriva un homme qui marchait sur mes pas et qui, tout-à-coup, se débarrassant de son manteau qu'il avait sur le nez, laissa voir un gros sac qu'il portait sous l'aisselle. A l'apparition du sac, qui avait tout l'air d'être plein d'espèces, j'ouvris de grands yeux, aussi bien que quelques personnes qui étaient présentes; et je crus entendre la voix d'un séraphin, lorsque cet homme me dit, en posant le sac sur une table : « Seigneur Gil Blas, voilà ce que madame la marquise vous envoie. » Je fis de profondes révérences au porteur, je l'accablai de civilités; et, dès qu'il fut hors de l'hôtellerie, je me jetai sur le sac, comme un faucon sur sa proie, et l'emportai dans ma chambre. Je le déliai sans perdre de temps, et j'y trouvai mille ducats. J'achevais de les compter, quand l'hôte, qui avait entendu les paroles du porteur, entra pour savoir ce qu'il y avait dans le sac. La vue de mes espèces, étalées sur une table, le frappa vivement. « Comment diable! s'écria-t-il, voilà bien de l'argent! Il faut, poursuivit-il en souriant d'un air malicieux, que vous sachiez tirer bon parti des femmes. Il n'y a pas vingt-quatre heures que vous êtes à Burgos, et vous avez déjà des marquises sous contribution! »

Ce discours ne me déplut point; je fus tenté de laisser Majuelo dans son erreur; je sentais qu'elle me faisait plaisir. Je ne m'étonne pas si les jeunes gens aiment à passer pour hommes à bonnes fortunes. Cependant l'innocence de mes mœurs l'emporta sur ma vanité. Je désabusai mon hôte. Je lui contai l'histoire de dona Mencia, qu'il écouta fort attentivement. Je lui dis ensuite l'état de mes affaires; et, comme il paraissait entrer dans mes intérêts, je le priai de m'aider de ses conseils. Il rêva quelques moments; puis il me dit d'un air sérieux : « Seigneur Gil Blas, j'ai de l'inclination pour vous; et, puisque vous avez assez de confiance en moi pour me parler à cœur ouvert, je vais vous dire, sans flatterie, à quoi je vous crois propre : Vous me semblez né pour la cour; je vous conseille d'y aller, et de vous attacher à quelque grand seigneur; mais tâchez de vous mêler de ses affaires, ou d'entrer dans ses plaisirs; autrement, vous perdrez votre temps chez lui. Je connais les grands : ils comptent pour rien le zèle et l'attachement d'un honnête homme;

« ... Et il fallait voir l'attention qu'ils avaient tous deux à me présenter de tous
les mets... » page 77.

ils ne se soucient que des personnes qui leur sont nécessaires. Vous
avez encore une ressource, continua-t-il : vous êtes jeune, bien fait,
et quand vous n'auriez pas d'esprit, c'est plus qu'il n'en faut pour
entêter quelque riche veuve ou quelque jolie femme mal mariée.
Si l'amour ruine des hommes qui ont du bien, il en fait souvent
subsister d'autres qui n'en ont pas. Je suis donc d'avis que vous
alliez à Madrid; mais il ne faut pas que vous y paraissiez sans suite.
On juge, là comme ailleurs, sur les apparences, et vous n'y serez

considéré qu'à proportion de la figure qu'on vous verra faire. Je
veux vous donner un valet, un domestique fidèle, un garçon sage;
en un mot, un homme de ma main. Achetez deux mules, l'une pour
vous, l'autre pour lui, et partez le plus tôt qu'il vous sera possible. »

Ce conseil était trop de mon goût pour ne pas le suivre. Dès le
lendemain, j'achetai deux belles mules, et j'arrêtai le valet dont on
m'avait parlé. C'était un garçon de trente ans, qui avait l'air simple
et dévot. Il me dit qu'il était du royaume de Galice et qu'il se nommait Ambroise de Lamela. Ce qui me parut singulier, c'est qu'au
lieu de ressembler aux autres domestiques, qui sont ordinairement
fort intéressés, celui-ci ne se souciait point de gagner de bons
gages; il me témoigna même qu'il était homme à se contenter de ce
que je voudrais bien avoir la bonté de lui donner. J'achetai aussi
des bottines, avec une valise pour serrer mon linge et mes ducats.
Ensuite, je satisfis mon hôte; et, le jour suivant, je partis de Burgos,
avant l'aurore, pour aller à Madrid.

CHAPITRE XVI

Qui fait voir qu'on ne doit pas trop compter sur la prospérité.

Nous couchâmes à Duegnas, la première journée, et nous arrivâmes, la seconde, à Valladolid, sur les quatre heures après midi. Nous descendîmes à une hôtellerie qui me semblait devoir être une des meilleures de la ville. Je laissai le soin des mules à mon valet, et montai dans une chambre, où je fis porter ma valise par un garçon du logis. Comme je me sentais un peu fatigué, je me jetai sur mon lit, sans ôter mes bottines, et je m'endormis insensiblement. Il était presque nuit lorsque je me réveillai. J'appelai Ambroise. Il ne se trouva point dans l'hôtellerie; mais il arriva bientôt. Je lui demandai d'où il venait; il me répondit d'un air pieux qu'il sortait d'une église, où il était allé remercier le ciel de nous avoir préservés de tout mauvais accident, depuis Burgos jusqu'à Valladolid. J'approuvai son action; ensuite je lui ordonnai de faire mettre à la broche un poulet pour mon souper.

Dans le temps que je lui donnais cet ordre, mon hôte entra dans ma chambre un flambeau à la main. Il éclairait une dame qui me parut plus belle que jeune, et très-richement vêtue. Elle s'appuyait sur un vieil écuyer, et un petit Maure lui portait la queue. Je ne fus pas peu surpris quand cette dame, après m'avoir fait une profonde révérence, me demanda si, par hasard, je n'étais point le seigneur Gil Blas de Santillane. Je n'eus pas sitôt répondu que oui, qu'elle quitta la main de son écuyer pour venir m'embrasser avec un transport de joie qui redoubla mon étonnement. « Le ciel, s'écria-t-elle, soit à jamais béni de cette aventure! C'est vous, seigneur cavalier, c'est vous que je cherche. » A ce début, je me ressouvins du parasite de Pegnaflor, et j'allais soupçonner la dame d'être une franche aventurière; mais ce qu'elle ajouta m'en fit juger plus avantageusement. « Je suis, poursuivit-elle, cousine germaine de dona Mencia de Mosquera, qui vous a tant d'obligations. J'ai reçu, ce matin, une lettre de sa part. Elle me mande qu'ayant appris que vous alliez à

Madrid, elle me prie de vous bien régaler, si vous passez par ici. Il y a deux heures que je parcours toute la ville. Je vais d'hôtellerie en hôtellerie m'informer des étrangers qui y sont; et j'ai jugé, sur le portrait que votre hôte m'a fait de vous, que vous pouviez être le libérateur de ma cousine. Ah! puisque je vous ai rencontré, continua-t-elle, je veux vous faire voir combien je suis sensible aux services qu'on rend à ma famille, et particulièrement à ma chère cousine. Vous viendrez, s'il vous plaît, dès ce moment, loger chez moi; vous y serez plus commodément qu'ici. » Je voulus m'en défendre, et représenter à la dame que je pourrais l'incommoder chez elle; mais il n'y eut pas moyen de résister à ses instances. Il y avait, à la porte de l'hôtellerie, un carrosse qui nous attendait. Elle prit soin elle-même de faire mettre ma valise dedans, parce qu'il y avait, disait-elle, bien des fripons à Valladolid; ce qui n'était que trop véritable. Enfin, je montai en carrosse avec elle et son vieil écuyer, et je me laissai, de cette manière, enlever de l'hôtellerie, au grand déplaisir de l'hôte, qui se voyait, par là, sevré de la dépense qu'il avait compté que je ferais chez lui avec la dame, l'écuyer et le petit Maure.

Notre carrosse, après avoir quelque temps roulé, s'arrêta. Nous en descendîmes pour entrer dans une assez grande maison, et nous montâmes dans un appartement qui n'était pas malpropre et que vingt ou trente bougies éclairaient. Il y avait là plusieurs domestiques à qui la dame demanda d'abord si don Raphaël était arrivé; ils répondirent que non. Alors, m'adressant la parole : « Seigneur Gil Blas, me dit-elle, j'attends mon frère qui doit revenir ce soir d'un château que nous avons à deux lieues d'ici. Quelle agréable surprise pour lui de trouver dans sa maison un homme à qui toute notre famille est si redevable! » Dans le moment qu'elle achevait de parler ainsi, nous entendîmes du bruit, et nous apprîmes en même temps qu'il était causé par l'arrivée de don Raphaël. Ce cavalier parut bientôt. Je vis un jeune homme de belle taille et de fort bon air. « Je suis ravie de votre retour, mon frère, lui dit la dame; vous m'aiderez à bien recevoir le seigneur Gil Blas de Santillane. Nous ne saurions assez reconnaître ce qu'il a fait pour dona Mencia, notre parente. Tenez, ajouta-t-elle en lui présentant une lettre, lisez ce qu'elle m'écrit. » Don Raphaël ouvrit le billet, et lut tout haut ces mots : « Ma chère Camille, le seigneur Gil Blas de Santillane, qui « m'a sauvé l'honneur et la vie, vient de partir pour la cour. Il pas-« sera sans doute par Valladolid. Je vous conjure, par le sang et,

« plus encore, par l'amitié qui nous unit, de le régaler et de le rete-
« nir quelque temps chez vous. Je me flatte que vous me donnerez
« cette satisfaction, et que mon libérateur recevra de vous et de don
« Raphaël, mon cousin, toutes sortes de bons traitements. A Burgos.
« Votre affectionnée cousine, DONA-MENCIA. »

« Comment! s'écria don Raphaël, après avoir lu la lettre, c'est à
ce cavalier que ma parente doit l'honneur et la vie? Ah! je rends
grâce au ciel de cette heureuse rencontre. » En parlant de cette
sorte, il s'approcha de moi, et, me serrant étroitement entre ses
bras : « Quelle joie, poursuivit-il, j'ai de voir ici le seigneur Gil Blas
de Santillane! Il n'était pas besoin que ma cousine la marquise nous
recommandât de vous régaler; elle n'avait seulement qu'à nous
mander que vous deviez passer par Valladolid : cela suffisait. Nous
savons bien, ma sœur Camille et moi, comme il en faut user avec
un homme qui a rendu le plus grand service du monde à la personne de notre famille que nous aimons le plus tendrement. » Je
répondis le mieux qu'il me fut possible à ces discours, qui furent
suivis de beaucoup d'autres semblables, et entremêlés de mille
caresses. Après quoi, s'apercevant que j'avais encore mes bottines,
il me les fit ôter par ses valets.

Nous passâmes ensuite dans une chambre où l'on avait servi.
Nous nous mîmes à table, le cavalier, la dame et moi. Ils me dirent
cent chose obligeantes pendant le souper. Il ne m'échappait pas un
seul mot qu'ils ne relevassent comme un trait admirable; et il fallait
voir l'attention qu'ils avaient tous deux à me présenter de tous les
mets. Don Raphaël buvait souvent à la santé de dona Mencia. Je
suivais son exemple; et il me semblait quelquefois que Camille, qui
trinquait avec nous, me lançait des regards qui signifiaient quelque
chose. Je crus même remarquer qu'elle prenait son temps pour
cela, comme si elle eut craint que son frère s'en aperçut. Il n'en
fallut pas davantage pour me persuader que la dame en tenait, et je
me flattai de profiter de cette découverte, pour peu que je demeu-
rasse à Valladolid. Cette espérance fut cause que je me rendis sans
peine à la prière qu'ils me firent de vouloir bien passer quelques
jours chez eux. Ils me remercièrent de ma complaisance; et la joie
qu'en témoigna Camille me confirma dans l'opinion que j'avais
qu'elle me trouvait fort à son gré.

Don Raphaël, me voyant déterminé à faire quelque séjour chez
lui, me proposa de me mener à son château. Il m'en fit une description magnifique, et me parla des plaisirs qu'il prétendait m'y

donner. « Tantôt, disait-il, nous prendrons le divertissement de la chasse, tantôt celui de la pêche; et, si vous aimez la promenade, nous avons des bois et des jardins délicieux. Dailleurs, nous aurons bonne compagnie : j'espère que vous ne vous ennuierez point. » J'acceptai la proposition, et il fut résolu que nous irions à ce beau château, dès le jour suivant. Nous nous levâmes de table en formant un si agréable dessein. Don Raphaël me parut transporté de joie. « Seigneur Gil Blas, dit-il en m'embrassant, je vous laisse avec ma sœur. Je vais de ce pas donner les ordres nécessaires et faire avertir toutes les personnes que je veux mettre de la partie. » A ces paroles, il sortit de la chambre où nous étions; et je continuai à m'entretenir avec la dame, qui ne démentit point par ses discours les douces œillades qu'elle m'avait jetées. Elle me prit par la main, et regardant ma bague : « Vous avez là, dit-elle, un diamant assez joli; mais il est bien petit. Vous connaissez-vous en pierreries? » Je répondis que non. « J'en suis fâchée, reprit-elle; car vous me diriez ce que vaut celle-ci. » En achevant ces mots, elle me montra un gros rubis qu'elle avait au doigt; et, pendant que je le considérais, elle me dit : « Un de mes oncles, qui a été gouverneur dans les habitations que les Espagnols ont aux îles Philippines, m'a donné ce rubis. Les joailliers de Valladolid l'estiment trois cents pistoles. » — « Je le croirais bien, lui dis-je; je le trouve parfaitement beau. » — « Puisqu'il vous plaît, répliqua-t-elle, je veux faire un troc avec vous. » Aussitôt elle prit ma bague et me mit la sienne au petit doigt. Après ce troc, qui me parut une manière galante de faire un présent, Camille me serra la main et me regarda d'un air tendre; puis, tout à coup, rompant l'entretien, elle me donna le bonsoir et se retira toute confuse, comme si elle eût eu honte de me faire trop connaître ses sentiments.

Quoique galant des plus novices, je sentis tout ce que cette retraite précipitée avait d'obligeant pour moi; et je jugeai que je ne passerais point mal le temps à la campagne. Plein de cette idée flatteuse et de l'état brillant de mes affaires, je m'enfermai dans la chambre où je devais coucher, après avoir dit à mon valet de venir me réveiller de bonne heure, le lendemain. Au lieu de songer à me reposer, je m'abandonnai aux réflexions agréables que ma valise, qui était sur une table, et mon rubis m'inspirèrent. Grâce au ciel, disais-je, si j'ai été malheureux, je ne le suis plus. Mille ducats d'un côté, une bague de trois cents pistoles de l'autre : me voilà pour longtemps en fonds. Majuelo ne m'a point flatté, je le vois

bien; j'enflammerai mille femmes à Madrid, puisque j'ai plu si facilement à Camille. Les bontés de cette généreuse dame se présen-
taient à mon esprit avec tous leurs charmes, et je goûtais aussi par
avance les divertissements que don Raphaël me préparait dans son
château. Cependant, parmi tant d'images de plaisir, le sommeil ne
laissa pas de venir répandre sur moi ses pavots. Dès que je me
sentis assoupi, je me déshabillai et me couchai.

Le lendemain matin, lorsque je me réveillai, je m'aperçus qu'il
était déjà tard. Je fus assez surpris de ne pas voir paraître mon
valet, après l'ordre qu'il avait reçu de moi. Ambroise, dis-je en moi-
même, mon fidèle Ambroise est à l'église, ou bien il est aujourd'hui
fort paresseux. Mais je perdis bientôt cette opinion de lui pour en
prendre une plus mauvaise; car m'étant levé, et ne voyant plus
ma valise, je le soupçonnai de l'avoir volée pendant la nuit. Pour
éclaircir mes soupçons, j'ouvris la porte de ma chambre, et j'appelai
l'hypocrite, à plusieurs reprises. Il vint à ma voix un vieillard qui
me dit : « Que souhaitez-vous, seigneur? tous vos gens sont sortis
de ma maison, avant le jour. » — « Comment, de votre maison?
m'écriai-je : est-ce que je ne suis pas ici chez don Raphaël? » — « Je
ne sais ce que c'est que ce cavalier, me répondit-il, vous êtes dans
un hôtel garni et j'en suis l'hôte. Hier au soir, une heure avant votre
arrivée, la dame qui a soupé avec vous vint ici, arrêta cet appartement pour un grand seigneur, disait-elle, qui voyage *incognito*.
Elle m'a même payé d'avance. »

Je fus alors au fait. Je sus ce que je devais penser de Camille et
de don Raphaël; et je compris que mon valet, ayant une entière
connaissance de mes affaires, m'avait vendu à ces fourbes. Au lieu
de n'imputer qu'à moi ce triste incident, et de songer qu'il ne me
serait point arrivé si je n'eusse pas eu l'indiscrétion de m'ouvrir à
Majuelo, sans nécessité, je m'en pris à la fortune innocente, et maudis
cent fois mon étoile. Le maître de l'hôtel garni, à qui je contai
l'aventure, qu'il savait peut-être aussi bien que moi, se montra
sensible à ma douleur. Il me plaignit et me témoigna qu'il était
très-mortifié que cette scène se fût passée chez lui; mais je crois,
malgré ses démonstrations, qu'il n'avait pas moins de part à cette
fourberie que mon hôte de Burgos, à qui j'ai toujours attribué
l'honneur de l'invention.

CHAPITRE XVII

Quel parti prit Gil Blas, après l'aventure de l'hôtel garni.

Lorsque j'eus, fort inutilement, bien déploré mon malheur, je fis
réflexion qu'au lieu de céder à mon chagrin, je devais plutôt me
roidir contre mon mauvais sort. Je rappelai mon courage, et, pour
me consoler, je disais en m'habillant : Je suis encore trop heureux
que les fripons n'aient pas emporté mes habits et quelques ducats
que j'ai dans mes poches. Je leur tenais compte de cette discrétion.
Ils avaient même été assez généreux pour me laisser mes bottines
que je donnai à l'hôte pour un tiers de ce qu'elles m'avaient coûté.
Enfin, je sortis de l'hôtel garni sans avoir, Dieu merci, besoin de
personne pour porter mes hardes. La première chose que je fis fut
d'aller voir si mes mules ne seraient pas dans l'hôtellerie où j'étais
descendu le jour précédent. Je jugeais bien qu'Ambroise ne les y
avait pas laissées; et plût au ciel que j'eusse toujours jugé aussi sai-
nement de lui! J'appris que, dès le soir même, il avait eu le soin
de les en retirer. Ainsi, comptant de ne les plus revoir, non plus

« ... Feignez-vous d'ignorer qui je suis? ... » page 82.

que ma chère valise, je marchais tristement dans les rues, en rêvant
à ce que je devais faire. Je fus tenté de retourner à Burgos pour
avoir encore une fois recours à dona Mencia; mais, considérant que
ce serait abuser des bontés de cette dame, et que d'ailleurs je passerais pour une bête, j'abandonnais cette pensée. Je jurai bien aussi
que, dans la suite, je serais en garde contre les femmes : je me
serais alors défié de la chaste Suzanne. Je jetais de temps en temps
les yeux sur ma bague; et, quand je venais à songer que c'était un

11

présent de Camille, j'en soupirais de douleur. Hélas! me disais-je en
moi-même, je ne me connais point en rubis; mais je connais les
gens qui les troquent. Je ne crois pas qu'il soit nécessaire que j'aille
chez un joailler pour être persuadé que je suis un sot.

Je ne laissai pas toutefois de vouloir m'éclaircir de ce que valait
ma bague, et je l'allai montrer à un lapidaire qui l'estima trois ducats. A cette estimation, quoiqu'elle ne m'étonnât point, je donnai
au diable la nièce du gouverneur des îles Philippines, ou plutôt je
ne fis que lui en renouveler le don. Comme je sortais de chez le
lapidaire, il passa près de moi un jeune homme qui s'arrêta pour
me considérer. Je ne le remis pas d'abord, bien que je le connusse
parfaitement. « Comment donc, Gil Blas, me dit-il, feignez-vous
d'ignorer qui je suis? ou deux années ont-elles si fort changé le fils
du barbier Nunez, que vous le méconnaissiez? Ressouvenez-vous
de Fabrice, votre compatriote et votre compagnon d'école. Nous
avons si souvent disputé chez le docteur Godinez sur les universaux
et sur les degrés métaphysiques. »

Je le reconnus avant qu'il eût achevé ces paroles, et nous nous
embrassâmes tous deux avec cordialité. «Eh! mon ami, reprit-il
ensuite, que je suis ravi de te rencontrer! Je ne puis t'exprimer la
joie que j'en ressens... Mais, poursuivit-il d'un air surpris, dans
quel état t'offres-tu à ma vue? Vive Dieu! te voilà vêtu comme un
prince! Une belle épée, des bas de soie, un pourpoint et un manteau de velours relevés d'une broderie d'argent! Malepeste! cela
sent diablement les bonnes fortunes. Je vais parier que quelque
vieille femme libérale te fait part de ses largesses. » — « Tu te
trompes, lui dis-je, mes affaires ne sont pas si florissantes que tu te
l'imagines. » — « A d'autres, répliqua-t-il, à d'autres! tu veux faire
le discret. Et ce beau rubis que je vous vois au doigt, monsieur Gil
Blas, d'où vient-il, s'il vous plaît? » — « Il me vient, lui repartis-je,
d'une franche friponne. Fabrice, mon cher Fabrice, loin d'être la
coqueluche des femmes de Valladolid, apprends, mon ami, que j'en
suis la dupe. »

Je prononçai ces dernières paroles si tristement, que Fabrice vit
bien qu'on m'avait joué quelque tour. Il me pressa de lui dire pourquoi je me plaignais ainsi du beau sexe. Je me résolus sans peine
à contenter sa curiosité; mais, comme j'avais un assez long récit à
faire, et que, d'ailleurs, nous ne voulions pas nous séparer sitôt,
nous entrâmes dans un cabaret pour nous entretenir plus commodément. Là, je lui contai, en déjeunant, tout ce qui m'était arrivé

depuis ma sortie d'Oviédo. Il trouva mes aventures assez bizarres ;
et, après m'avoir témoigné qu'il prenait beaucoup de part à la
fâcheuse situation où j'étais, il me dit : « Il faut se consoler, mon
enfant, de tous les malheurs de la vie ; c'est par là qu'une âme forte
et courageuse se distingue des âmes faibles. Un homme d'esprit
est-il dans la misère, il attend avec patience un temps plus heureux.
Jamais, comme dit Cicéron, il ne doit se laisser abattre, jusqu'à ne
se plus souvenir qu'il est homme. Pour moi, je suis de ce caractère-
là : mes disgrâces ne m'accablent point ; je suis toujours au-dessus
de la mauvaise fortune. Par exemple, j'aimais une fille de famille
d'Oviédo, j'en étais aimé : je la demandai en mariage à son père ; il
me la refusa. Un autre en serait mort de douleur ; moi, admire la
force de mon esprit, j'enlevai la petite personne. Elle était vive,
étourdie, coquette ; le plaisir, par conséquent, la déterminait toujours au préjudice du devoir. Je la promenai pendant six mois dans
le royaume de Galice : de là, comme je l'avais mise dans le goût de
voyager, elle eut envie d'aller en Portugal ; mais elle prit un autre
compagnon de voyage. Autre sujet de désespoir. Je ne succombai
point encore sous le poids de ce nouveau malheur ; et, plus sage
que Ménélas, au lieu de m'armer contre le Pâris qui m'avait soufflé
mon Hélène, je lui sus bon gré de m'en avoir défait. Après cela,
ne voulant plus retourner dans les Asturies, pour éviter toute dis-
cussion avec la justice, je m'avançai dans le royaume de Léon,
dépensant de ville en ville l'argent qui me restait de l'enlèvement
de mon infante ; car nous avions tous deux fait notre main en partant
d'Oviédo, et nous n'étions pas mal nippés ; mais tout ce que j'avais
possédé se dissipa bientôt. J'arrivai à Palencia avec un seul ducat,
sur quoi je fus obligé d'acheter une paire de souliers. Le reste ne
me mena pas bien loin. Ma situation devint embarrassante ; je com-
mençais déjà même à faire diète : il fallut promptement prendre un
parti. Je résolus de me mettre dans le service. Je me plaçai d'abord
chez un gros marchand de drap, qui avait un fils libertin. J'y trouvai
un asile contre l'abstinence, et en même temps un grand embarras.
Le père m'ordonna d'épier son fils ; le fils me pria de l'aider à tromper
son père : il fallait opter. Je préférai la prière au commandement,
et cette préférence me fit donner mon congé. Je passai ensuite au
service d'un vieux peintre, qui voulut, par amitié, m'enseigner les
principes de son art ; mais, en me les montrant, il me laissait mourir
de faim. Cela me dégoûta de la peinture et du séjour de Palencia. Je
vins à Valladolid, où, par le plus grand bonheur du monde, j'entrai

dans la maison d'un administrateur de l'hôpital : j'y demeure encore, et je suis charmé de ma condition. Le seigneur Manuel Ordonnez, mon maître, est un homme d'une piété profonde, un homme de bien, car il marche toujours les yeux baissés, avec un gros rosaire à la main. On dit que, dès sa jeunesse, n'ayant en vue que le bien des pauvres, il s'y est attaché avec un zèle infatigable. Aussi ses soins ne sont-ils pas demeurés sans récompense : tout lui a prospéré. Quelle bénédiction! en faisant les affaires des pauvres, il s'est enrichi. »

Quand Fabrice m'eut tenu ce discours, je lui dis : « Je suis bien aise que tu sois satisfait de ton sort; mais, entre nous, tu pourrais, ce me semble, faire un plus beau rôle, dans le monde, que celui de valet : un sujet de ton mérite peut prendre un vol plus élevé. » — « Tu n'y penses pas, Gil Blas, me répondit-il. Sache que, pour un homme de mon humeur, il n'y a point de situation plus agréable que la mienne. Le métier de laquais est pénible, je l'avoue, pour un imbécile; mais il n'a que des charmes pour un garçon d'esprit. Un génie supérieur qui se met en condition ne fait pas son service matériellement comme un nigaud. Il entre dans une maison pour commander plutôt que pour servir. Il commence par étudier son maître; il se prête à ses défauts, gagne sa confiance, et le mène ensuite par le nez. C'est ainsi que je me suis conduit chez mon administrateur. Je connus d'abord le pèlerin; je m'aperçus qu'il voulait passer pour un saint personnage; je feignis d'en être la dupe, cela ne coûte rien. Je fis plus, je le copiai; et, jouant devant lui le même rôle qu'il fait devant les autres, je trompai le trompeur, et je suis devenu peu à peu son *factotum*. J'espère que quelque jour je pourrai, sous ses auspices, me mêler des affaires des pauvres. Je ferai peut-être fortune aussi, car je me sens autant d'amour que lui pour leur bien. »

— « Voilà de belles espérances, repris-je, mon cher Fabrice; et je t'en félicite. Pour moi, je reviens à mon premier dessein. Je vais convertir mon habit brodé en soutanelle, me rendre à Salamanque, et là, me rangeant sous les drapeaux de l'université, remplir l'emploi de précepteur. » — « Beau projet! s'écria Fabrice; l'agréable imagination! Quelle folie de vouloir, à ton âge, te faire pédant! Sais-tu bien, malheureux, à quoi tu t'engages en prenant ce parti? Sitôt que tu seras placé, toute la maison t'observera; tes moindres actions seront scrupuleusement examinées. Il faudra que tu te contraignes sans cesse, que tu te pares d'un extérieur hypocrite, et paraisses posséder toutes les vertus. Tu n'auras presque pas un moment à donner à tes plaisirs. Censeur éternel de ton écolier, tu passeras les journées à lui enseigner le latin, et à le reprendre, quand il dira ou fera des choses contre la bienséance; ce qui ne te donnera pas peu d'occupation. Après tant de peine et de contrainte, quel sera le fruit de tes soins? Si le petit gentilhomme est un mauvais sujet, on dira que tu l'as mal élevé; et ses parents te renverront sans récompense, peut-être même sans te payer les appointements qui te seront dus. Ne me parle donc point d'un poste de précepteur; c'est un bénéfice à charge d'âmes. Mais parle-moi de l'emploi d'un laquais; c'est un bénéfice simple, qui n'engage à rien. Un maître a-t-il des vices, le génie supérieur qui le sert les flatte, et souvent même les fait tourner à son profit. Un valet vit sans inquiétude dans une bonne maison. Après avoir bu et mangé tout son soûl, il s'endort tranquillement comme un enfant de famille, sans s'embarrasser du boucher ni du boulanger.

« Je ne finirai point, mon enfant, poursuivit-il, si je voulais dire tous les avantages dès valets. Crois-moi, Gil Blas, perds pour jamais l'envie d'être précepteur, et suis mon exemple. » — « Oui; mais, Fabrice, lui répondis-je, on ne trouve pas tous les jours des administrateurs; et, si je me résolvais à servir, je voudrais du moins n'être pas mal placé. » — « Oh! tu as raison, me dit-il, et j'en fais mon affaire. Je te réponds d'une bonne condition, quand ce ne serait que pour arracher un galant homme à l'université. »

La prochaine misère dont j'étais menacé, et l'air satisfait qu'avait Fabrice, me persuadant encore plus que ses raisons, je me déterminai à me mettre dans le service. Là-dessus nous sortîmes du cabaret, et mon compatriote me dit: «Je vais, de ce pas, te conduire chez un homme à qui s'adressent la plupart des laquais qui sont sur le pavé; il a des grisons qui l'informent de tout ce qui se passe dans les familles. Il sait où l'on a besoin de valets, et il tient un registre exact, non-seulement des places vacantes, mais même des bonnes et des mauvaises qualités des maîtres. C'est un homme qui a été frère dans je ne sais quel couvent de religieux. Enfin c'est lui qui m'a placé. »

En nous entretenant d'un bureau d'adresse si singulier, le fils du barbier Nunez me mena dans un cul-de-sac. Nous entrâmes dans une petite maison, où nous trouvâmes un homme de cinquante et quelques années, qui écrivait sur une table. Nous le saluâmes, assez respectueusement même; mais, soit qu'il fût fier de son naturel, soit que, n'ayant coutume de voir que des laquais ou des cochers, il eût pris l'habitude de recevoir son monde cavalièrement, il ne se leva point; il se contenta de nous faire une légère inclination de tête. Il me regarda pourtant avec une attention particulière. Je vis bien qu'il était surpris qu'un jeune homme en habit de velours brodé voulût devenir laquais; il avait plutôt lieu de penser que je venais lui en demander un. Il ne put toutefois douter longtemps de mon intention, puisque Fabrice lui dit d'abord : « Seigneur Arias de Londona, vous voulez bien que je vous présente le meilleur de mes amis? C'est un garçon de famille, que ses malheurs réduisent à la nécessité de servir. Enseignez-lui, de grâce, une bonne condition, et comptez sur sa reconnaissance. » — « Messieurs, répondit froidement Arias, voilà comme vous êtes tous, vous autres : avant qu'on vous place, vous faites les plus belles promesses du monde; êtes-vous bien placés, vous ne vous en souvenez plus. » — « Comment donc! reprit Fabrice, vous plaignez-vous de moi? N'ai-je pas bien fait les choses? » — « Vous auriez pu les faire encore mieux, répartit Arias; votre condition vaut un emploi de commis, et vous m'avez payé comme si je vous eusse mis chez un auteur. » Je pris alors la parole et dis au seigneur Arias que, pour lui faire connaître que je n'étais pas un ingrat, je voulais que la reconnaissance précédât le service. En même temps, je tirai de mes poches deux ducats que je lui donnai, avec promesse de n'en pas demeurer là, si je me voyais dans une bonne maison.

Il parut content de mes manières. « J'aime, dit-il, qu'on en use de la sorte avec moi. Il y a, continua-t-il, d'excellents postes vacants; je vais vous les nommer, et vous choisirez celui qui vous plaira. » En achevant ces paroles, il mit ses lunettes, ouvrit un registre qui était sur la table, tourna quelques feuillets, et commença de lire dans ces termes : « Il faut un laquais au capitaine Torbellino, homme emporté, brutal et fantasque : il gronde sans cesse, jure, frappe, et, le plus souvent, estropie ses domestiques. » — « Passons à un autre, m'écriai-je à ce portrait; ce capitaine-là n'est pas de mon goût. » Ma vivacité fit sourire Arias qui poursuivit ainsi sa lecture : « Doña Manuela de Sandoval, douairière surannée, hargneuse et bizarre, est actuellement sans laquais; elle n'en a qu'un d'ordinaire, encore ne le peut-elle garder un jour entier. Il y a dans la maison, depuis dix ans, un habit qui sert à tous les valets qui entrent, de quelque taille qu'ils soient : on peut dire qu'ils ne font que l'essayer, et qu'il est encore tout neuf, quoique deux mille laquais l'aient porté. Il manque un valet au docteur Alvar Fanez. C'est un médecin chimiste. Il nourrit bien ses domestiques, les entretient proprement, leur donne même de gros gages; mais il fait sur eux l'épreuve de ses remèdes. Il y a souvent des places de laquais à remplir chez cet homme-là. »

« Oh! je le crois bien, interrompit Fabrice en riant. Vive Dieu! vous nous enseignez là de bonnes conditions! » — « Patience, dit Arias de Londona; nous ne sommes pas au bout; il y a de quoi vous contenter. » Là-dessus, il continua de lire de cette sorte : « Dona Alfonsa de Solis, vieille dévote, qui passe les deux tiers de la journée dans l'église et veut que son valet y soit toujours auprès d'elle, n'a point de laquais, depuis trois semaines. Le licencié Sedillo, vieux chanoine du chapitre de cette ville, chassa, hier au soir, son valet... » — « Halte-là, seigneur Arias de Londona, s'écria Fabrice en cet endroit; nous nous en tenons à ce dernier poste. Le licencié Sedillo est des amis de mon maître, et je le connais parfaitement. Je sais qu'il a pour gouvernante une vieille béate, qu'on nomme la dame Jacinte, et qui dispose de tout chez lui. C'est une des meilleures maisons de Valladolid : on y vit doucement, et l'on y fait très-bonne chère. D'ailleurs, le chanoine est un homme infirme, un vieux goutteux qui fera bientôt son testament : il y a un legs à espérer. La charmante perspective pour un valet! Gil Blas, ajouta-t-il en se tournant de mon côté, ne perdons pas de temps, mon ami; allons tout à l'heure chez le licencié. Je veux te présenter moi-même, et te servir de répondant. » A ces mots, de crainte de manquer une si belle occasion, nous prîmes brusquement congé du seigneur Arias, qui m'assura, pour mon argent, que, si cette condition m'échappait, je pouvais compter qu'il m'en ferait trouver une aussi bonne.

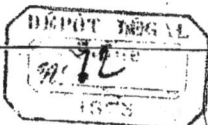

LIVRE DEUXIÈME

CHAPITRE PREMIER

Fabrice mène et fait recevoir Gil Blas chez le licencié Sedillo. Dans quel état était ce chanoine. Portrait de sa gouvernante.

Nous avions si grand'peur d'arriver trop tard chez le vieux licencié, que nous ne fîmes qu'un saut du cul-de-sac à sa maison. Nous en trouvâmes la porte fermée : nous frappâmes. Une fille de dix ans, que la gouvernante faisait passer pour sa nièce, en dépit de la médisance, vint ouvrir; et, comme nous lui demandions si l'on

12

pouvait parler au chanoine, la dame Jacinte parut. C'était une personne déjà parvenue à l'âge de discrétion, mais belle encore ; et j'admirai particulièrement la fraîcheur de son teint. Elle portait une longue robe d'une étoffe de laine la plus commune, avec une large ceinture de cuir, d'où pendaient, d'un côté, un trousseau de clefs, et, de l'autre, un chapelet à gros grains. D'abord que nous l'aperçûmes, nous la saluâmes avec beaucoup de respect ; elle nous rendit le salut fort civilement, mais d'un air modeste et les yeux baissés.

« J'ai appris, lui dit mon camarade, qu'il faut un honnête garçon au seigneur licencié Sedillo, et je viens lui en présenter un dont j'espère qu'il sera content. » La gouvernante leva les yeux à ces paroles, me regarda fixement ; et, ne pouvant accorder ma broderie avec le discours de Fabrice, elle demanda si c'était moi qui recherchais la place vacante. « Oui, lui dit le fils de Nunez, c'est ce jeune homme. Tel que vous le voyez, il lui est arrivé des disgrâces qui l'obligent à se mettre en condition : il se consolera de ses malheurs, ajouta-t-il d'un ton doucereux, s'il a le bonheur d'entrer dans cette maison et de vivre avec la vertueuse Jacinte, qui mériterait d'être la gouvernante du patriarche des Indes. » A ces mots, la vieille béate cessa de me regarder pour considérer le gracieux personnage qui lui parlait ; et, frappée de ses traits, qu'elle crut ne lui être pas inconnus : « J'ai une idée confuse de vous avoir vu, lui dit-elle ; aidez-moi à la débrouiller. » — « Chaste Jacinte, lui répondit Fabrice, il m'est bien glorieux de m'être attiré vos regards. Je suis venu deux fois dans cette maison avec mon maître, le seigneur Manuel Ordonnez, administrateur de l'hôpital. » — « Eh ! justement, répliqua la gouvernante, je m'en souviens, et je vous remets. Ah ! puisque vous appartenez au seigneur Ordonnez, il faut que vous soyez un garçon de bien et d'honneur. Votre condition fait votre éloge ; et ce jeune homme ne saurait avoir un meilleur répondant que vous. Venez, poursuivit-elle, je vais vous faire parler au seigneur Sedillo. Je crois qu'il sera bien aise d'avoir un garçon de votre main. »

Nous suivîmes la dame Jacinte. Le chanoine était logé par bas, et son appartement consistait en quatre pièces de plain-pied, bien boisées. Elle nous pria d'attendre un moment dans la première, et nous y laissa pour passer dans la seconde, où était le licencié. Après y avoir demeuré quelque temps en particulier avec lui, pour le mettre au fait, elle vint nous dire que nous pouvions entrer. Nous aperçûmes le vieux podagre enfoncé dans un fauteuil, un oreiller sous la tête, des coussins sous les bras, et les jambes appuyées sur un gros carreau plein de duvet. Nous nous approchâmes de lui sans ménager les révérences ; et Fabrice, portant encore la parole, ne se contenta pas de redire ce qu'il avait dit à la gouvernante ; il se mit à vanter mon mérite, et s'étendit principalement sur l'honneur que je m'étais acquis chez le docteur Godinez, dans les disputes de philosophie : comme s'il eût fallu que je fusse un grand philosophe pour devenir valet d'un chanoine ! Cependant, par le bel éloge qu'il fit de moi, il ne laissa pas de jeter de la poudre aux yeux du licencié, qui, remarquant d'ailleurs que je ne déplaisais pas à la dame Jacinte, dit à mon répondant : « L'ami, je reçois à mon service le garçon que tu m'amènes ; il me revient assez, et je juge favorablement de ses mœurs, puisqu'il m'est présenté par un domestique du seigneur Ordonnez. »

D'abord que Fabrice vit que j'étais arrêté, il fit une grande révérence au chanoine, une autre, encore plus profonde, à la gouvernante, et se retira fort satisfait, après m'avoir dit tout bas que nous nous reverrions, et que je n'avais qu'à rester là. Dès qu'il fut sorti, le licencié me demanda comment je m'appelais, pourquoi j'avais quitté ma patrie ; et, par ses questions, il m'engagea, devant la dame Jacinte, à raconter mon histoire. Je les divertis tous deux, surtout par le récit de ma dernière aventure. Camille et Raphaël leur donnèrent une si forte envie de rire, qu'il en pensa coûter la vie au vieux goutteux : car, comme il riait de toute sa force, il lui prit une toux si violente, que je crus qu'il allait passer. Il n'avait pas encore fait son testament ; jugez si la gouvernante fut alarmée ! Je la vis, tremblante, éperdue, courir au secours du bonhomme, et, faisant tout ce qu'on fait pour soulager les enfants qui toussent, lui frotter le front et lui taper le dos. Ce ne fut pourtant qu'une fausse alarme : le vieillard cessa de tousser, et sa gouvernante de le tourmenter. Alors je voulus achever mon récit ; mais la dame Jacinte, craignant une seconde toux, s'y opposa. Elle m'emmena même de la chambre du chanoine dans une garde-robe, où, parmi plusieurs habits, était celui de mon prédécesseur. Elle me le fit prendre et mit à sa place le mien, que je n'étais pas fâché de conserver, dans l'espérance qu'il me servirait encore. Nous allâmes ensuite tous deux préparer le dîner.

Je ne parus pas neuf dans l'art de faire la cuisine. Il est vrai que j'en avais fait l'heureux apprentissage sous la dame Léonarde, qui pouvait passer pour une bonne cuisinière : elle n'était pas toutefois comparable à la dame Jacinte. Celle-ci l'emportait, peut-être, sur le cuisinier même de l'archevêché de Tolède. Elle excellait en tout. On trouvait ses bisques exquises, tant elle savait bien choisir et mêler les sucs des viandes qu'elle y faisait entrer ; et ses hachis étaient assaisonnés d'une manière qui les rendait très-agréables au goût. Quand le dîner fut prêt, nous retournâmes à la chambre du chanoine, où, pendant que je dressais une table auprès de son fauteuil, la gouvernante passa sous le menton du vieillard une serviette, et la lui attacha aux épaules. Un moment après, je servis un potage qu'on aurait pu présenter au plus fameux directeur de Madrid, et deux entrées qui auraient eu de quoi piquer la sensualité d'un vice-roi, si la dame Jacinte n'y eût pas épargné les épices, de peur d'irriter la goutte du licencié. A la vue de ces bons plats, mon vieux maître, que je croyais perclus de tous ses membres, me montra qu'il n'avait pas encore entièrement perdu l'usage de ses bras. Il s'en aida pour se débarrasser de son oreiller et de ses coussins, et se disposa gaiement à manger. Quoique la main lui tremblât, elle ne refusa pas le service : il la faisait aller et venir assez librement, de façon pourtant qu'il répandait sur la nappe et sur sa serviette la moitié de ce qu'il portait à sa bouche. J'ôtai la bisque, lorsqu'il n'en voulut plus, et j'apportai une perdrix flanquée de deux cailles rôties que la dame Jacinte lui dépeça. Elle avait aussi soin de lui faire boire, de temps en temps, de grands coups de vin un peu trempé, dans une coupe d'argent, large et profonde, qu'elle lui tenait comme à un enfant de quinze mois. Il s'acharna sur les entrées, et ne fit pas moins d'honneur aux petits-pieds. Quand il se fut bien empiffré, la béate lui détacha sa serviette, lui remit son oreiller et ses coussins ; puis, le laissant dans son fauteuil goûter tranquillement le repos qu'on prend d'ordinaire après le dîner, nous desservîmes, et nous allâmes manger à notre tour.

Voilà de quelle manière dînait tous les jours notre chanoine, qui était, peut-être, le plus grand mangeur du chapitre. Mais il soupait plus légèrement : il se contentait d'un poulet ou d'un lapin, avec quelques compotes de fruits. Je faisais bonne chère dans cette maison ; j'y menais une vie très-douce. Je n'y avais qu'un désagrément : c'est qu'il me fallait veiller mon maître et passer la nuit comme une garde-malade. Outre une rétention d'urine qui l'obligeait à demander dix fois par heure son pot de chambre, il était sujet à suer ; et, quand cela arrivait, il fallait lui changer de chemise. « Gil Blas, me

dit-il dès la seconde nuit, tu as de l'adresse et de l'activité; je pré-
vois que je m'accommoderai bien de ton service. Je te recommande
seulement d'avoir de la complaisance pour la dame Jacinte, et de
faire docilement tout ce qu'elle te dira, comme si je te l'ordonnais
moi-même : c'est une fille qui me sert depuis quinze années avec
un zèle tout particulier; elle a un soin de ma personne que je ne
puis assez reconnaître. Aussi, je te l'avoue, elle m'est plus chère
que toute ma famille. J'ai chassé de chez moi, pour l'amour d'elle,
mon neveu, le fils de ma propre sœur; et j'ai bien fait. Il n'avait
aucune considération pour cette pauvre fille; et, bien loin de rendre
justice à l'attachement sincère qu'elle a pour moi, l'insolent la traitait
de fausse dévote; car aujourd'hui la vertu ne paraît qu'hypocrisie
aux jeunes gens. Grâces au ciel, je me suis défait de ce maraud-là.
Je préfère aux droits du sang l'affection qu'on me témoigne, et je
ne me laisse prendre seulement que par le bien qu'on me fait. » —
« Vous avez raison, Monsieur, dis-je alors au licencié, la reconnaissance doit avoir plus de force sur nous que les lois de la nature. » —
« Sans doute, reprit-il, et mon testament fera bien voir que je ne
me soucie guère de mes parents. Ma gouvernante y aura bonne
part, et tu n'y seras point oublié, si tu continues comme tu com-
mences à me servir. Le valet que j'ai mis dehors, hier, a perdu, par
sa faute, un bon legs. Si ce misérable ne m'eût pas obligé, par ses
manières, à lui donner son congé, je l'aurais enrichi; mais c'était
un orgueilleux qui manquait de respect à la dame Jacinte, un
paresseux qui craignait la peine. Il n'aimait point à me veiller, et
c'était pour lui une chose bien fatigante que de passer les nuits à
me soulager. » — « Ah! le malheureux! m'écriai-je, comme si le
génie de Fabrice m'eût inspiré, il ne méritait pas d'être auprès d'un
si honnête homme que vous. Un garçon qui a le bonheur de vous
appartenir doit avoir un zèle infatigable; il doit se faire un plaisir
de son devoir, et ne se pas croire occupé, lors même qu'il sue sang
et eau pour vous. »

Je m'aperçus que ces paroles plurent fort au licencié. Il ne fut
pas moins content de l'assurance que je lui donnai d'être toujours
parfaitement soumis aux volontés de la dame Jacinte. Voulant donc
passer pour un valet que la fatigue ne pouvait rebuter, je faisais
mon service de la meilleure grâce qu'il m'était possible. Je ne me
plaignais point d'être toutes les nuits sur pied. Je ne laissai pas
pourtant de trouver cela très-désagréable; et, sans le legs dont je
repaissais mon espérance, je me serais bientôt dégoûté de ma

condition; je n'y aurais pu résister; il est vrai que je me reposais
quelques heures pendant le jour. La gouvernante, je lui dois cette
justice, avait beaucoup d'égards pour moi; ce qu'il fallait attribuer
au soin que je prenais de gagner ses bonnes grâces par des manières
complaisantes et respectueuses. Étais-je à table avec elle et sa nièce
qu'on appelait Inésille, je leur changeais d'assiette, je leur versais à
boire, j'avais une attention toute particulière à les servir. Je m'insi-
nuai par là dans leur amitié. Un jour que la dame Jacinte était sortie
pour aller à la provision, me voyant seul avec Inésille, je commençai
à l'entretenir. Je lui demandai si son père et sa mère vivaient encore.
« Oh! que non, me répondit-elle : il y a bien longtemps, bien longtemps, qu'ils sont morts; car ma bonne tante me l'a dit, et je ne les
ai jamais vus. » Je crus pieusement la petite fille, quoique sa réponse ne fût pas catégorique; et je la mis si bien en train de parler,
qu'elle m'en dit plus que je n'en voulais savoir. Elle m'apprit, ou
plutôt je compris par les naïvetés qui lui échappèrent, que sa bonne
tante avait un bon ami qui demeurait aussi près d'un vieux chanoine
dont il administrait le temporel, et que ces heureux domestiques
comptaient d'assembler les dépouilles de leurs maîtres par un hyménée dont ils goûtaient les douceurs par avance. J'ai déjà dit que
la dame Jacinte, bien qu'un peu surannée, avait encore de la fraîcheur. Il est vrai qu'elle n'épargnait rien pour se conserver : outre
qu'elle prenait tous les matins un clystère, elle avalait, pendant le
jour et en se couchant, d'excellents coulis. De plus, elle dormait
tranquillement la nuit, tandis que je veillais mon maître. Mais ce
qui, peut-être, contribuait encore plus que toutes ces choses à lui
rendre le teint frais, c'était, à ce que me dit Inésille, une fontaine
qu'elle avait à chaque jambe.

CHAPITRE II

De quelle manière le chanoine, étant tombé malade, fut traité; ce qu'il en arriva, et ce qu'il laissa, par testament, à Gil Blas.

Je servis pendant trois mois le licencié Sedillo, sans me plaindre des mauvaises nuits qu'il me faisait passer. Au bout de ce temps-là il tomba malade : la fièvre le prit; et, avec le mal qu'elle lui causait, il sentit irriter sa goutte. Pour la première fois de sa vie qui avait été longue, il eut recours aux médecins. Il demanda le docteur Sangrado, que tout Valladolid regardait comme un Hippocrate. La dame Jacinte aurait mieux aimé que le chanoine eût commencé par faire son testament; elle lui en toucha même quelques mots; mais, outre qu'il ne se croyait pas encore proche de sa fin, il avait de l'opiniâtreté dans certaines choses. J'allai donc chercher le docteur Sangrado; je l'amenai au logis. C'était un grand homme sec et pâle, et qui, depuis quarante ans pour le moins, occupait le ciseau des Parques. Ce savant médecin avait l'extérieur grave; il pesait ses discours et donnait de la noblesse à ses expressions. Ses raisonnements paraissaient géométriques, et ses opinions fort singulières.

Après avoir observé mon maître, il lui dit d'un ton doctoral : « Il s'agit ici de suppléer au défaut de la transpiration arrêtée. D'autres, à ma place, ordonneraient sans doute des remèdes salins, urineux, volatils, et qui, pour la plupart, participent du soufre et du mercure; mais les purgatifs et les sudorifiques sont des drogues pernicieuses et inventées par des charlatans : toutes les préparations chimiques ne semblent faites que pour nuire. J'emploie des moyens plus simples et plus sûrs. A quelle nourriture, continua-t-il, êtes-vous accoutumé? » — « Je mange ordinairement, répondit le chanoine, des bisques et des viandes succulentes. » — « Des bisques et des viandes succulentes! s'écria le docteur avec surprise. Ah! vraiment, je ne m'étonne plus si vous êtes malade! Les mets délicieux

sont des plaisirs empoisonnés; ce sont des piéges que la volupté
tend aux hommes pour les faire périr plus sûrement. Il faut que
vous renonciez aux aliments de bon goût; les plus fades sont les
meilleurs pour la santé. Comme le sang est insipide, il veut des
mets qui tiennent de sa nature. Et buvez-vous du vin? ajouta-t-il? »
— « Oui, dit le licencié, du vin trempé. » — « Oh! trempé tant qu'il
vous plaira, reprit le médecin. Quel dérèglement! voilà un régime
épouvantable. Il y a longtemps que vous devriez être mort. Quel
âge avez-vous? » — « J'entre dans ma soixante-neuvième année,
répondit le chanoine. » — « Justement, répliqua le médecin; une
vieillesse anticipée est toujours le fruit de l'intempérance. Si vous
n'eussiez bu que de l'eau claire toute votre vie, et que vous vous
fussiez contenté d'une nourriture simple : de pommes cuites, par
exemple, de pois ou de fèves, vous ne seriez pas présentement
tourmenté de la goutte, et tous vos membres feraient encore facilement leurs fonctions. Je ne désespère pas toutefois de vous remettre
sur pied, pourvu que vous vous abandonniez à mes ordonnances. »
Le licencié, tout friand qu'il était, promit de lui obéir en toutes
choses.

Alors Sangrado m'envoya chercher un chirurgien qu'il me nomma,
et fit tirer à mon maître six bonnes palettes de sang, pour commen-
cer à suppléer au défaut de transpiration. Puis il dit au chirurgien :
« Maître Martin Onez, revenez dans trois heures en faire autant, et
demain vous recommencerez. C'est une erreur de penser que le
sang soit nécessaire à la conservation de la vie; on ne peut trop
saigner un malade. Comme il n'est obligé à aucun mouvement
ou exercice considérable, et qu'il n'a rien à faire que de ne point
mourir, il ne lui faut pas plus de sang pour vivre qu'à un homme
endormi : la vie dans tous les deux, ne consiste que dans le pouls
et dans la respiration. » Le bon chanoine, s'imaginant qu'un si
grand médecin ne pouvait faire de faux raisonnements, se laissa
saigner sans résistance. Lorsque le docteur eut ordonné de fré-
quentes et copieuses saignées, il dit qu'il fallait aussi donner au
chanoine de l'eau chaude à tout moment; assurant que l'eau bue
en abondance pouvait passer pour le véritable spécifique contre
toutes sortes de maladies. Il sortit ensuite en disant, d'un air de
confiance, à la dame Jacinte et à moi, qu'il répondait de la vie du
malade, si on le traitait de la manière qu'il venait de prescrire. La
gouvernante, qui jugeait peut-être autrement que lui de sa méthode, protesta qu'on la suivrait avec exactitude. En effet, nous

« … Nous laissâmes le notaire seul avec mon maître, … » page 99.

mîmes promptement de l'eau chauffer; et, comme le médecin nous avait recommandé sur toutes choses de ne la point épargner, nous en fîmes d'abord boire à mon maître deux ou trois pintes, à longs traits. Une heure après, nous réitérâmes; puis, retournant encore à la charge, nous versâmes dans son estomac un déluge d'eau. D'un autre côté, le chirurgien nous secondant par la quantité de sang qu'il tirait, nous réduisîmes, en moins de deux jours, le vieux chanoine à l'extrémité.

Ce bon ecclésiastique, n'en pouvant plus, comme je voulais lui faire avaler encore un grand verre du spécifique, me dit d'une voix faible : « Arrête, Gil Blas ; ne m'en donne pas davantage, mon ami. Je vois bien qu'il faut mourir, malgré la vertu de l'eau, et quoiqu'il me reste à peine une goutte de sang, je ne m'en porte pas mieux pour cela : ce qui prouve bien que le plus habile médecin du monde ne saurait prolonger nos jours, quand leur terme fatal est arrivé. Il faut donc que je me prépare à partir pour l'autre monde : va me chercher un notaire ; je veux faire mon testament. » A ces derniers mots, que je n'étais pas fâché d'entendre, j'affectai de paraître fort triste : ce que tout héritier ne manque pas de faire en pareil cas ; et, cachant l'envie que j'avais de m'acquitter de la commission qu'il me donnait : « Eh ! mais, monsieur, lui dis-je, vous n'êtes pas si bas, Dieu merci, que vous ne puissiez vous relever. » — « Non, non, repartit-il, mon enfant, c'en est fait ; je sens que la goutte remonte et que la mort s'approche : hâte-toi d'aller où je t'ai dit. » Je m'aperçus effectivement qu'il changeait à vue d'œil ; et la chose me parut si pressante, que je sortis vite pour faire ce qu'il m'ordonnait, laissant auprès de lui la dame Jacinte, qui craignait encore plus que moi qu'il ne mourût sans tester. J'entrai dans la maison du premier notaire dont on m'enseigna la demeure ; et le trouvant chez lui : « Monsieur, lui dis-je, le licencié Sedillo, mon maître, tire à sa fin ; il veut faire écrire ses dernières volontés ; il n'y a pas un moment à perdre. » Le notaire était un petit vieillard gai, qui se plaisait à railler ; il me demanda quel médecin voyait le chanoine. Je lui répondis que c'était le docteur Sangrado. A ce nom, prenant brusquement son manteau et son chapeau : « Vive Dieu ! s'écria-t-il, partons donc en diligence ; car ce docteur est si expéditif, qu'il ne donne pas le temps à ses malades d'appeler des notaires. Cet homme-là m'a bien soufflé des testaments. »

En parlant de cette sorte, il s'empressa de sortir avec moi ; et, pendant que nous marchions tous deux à grands pas pour prevenir l'agonie, je lui dis : « Monsieur, vous savez qu'un testateur mourant manque souvent de mémoire ; si par hasard mon maître vient à m'oublier, je vous prie de le faire souvenir de mon zèle. » — « Je le veux bien, mon enfant, me répondit le notaire, tu peux compter là-dessus. Il est juste qu'un maître récompense un domestique qui l'a bien servi. Je l'exhorterai même à te donner quelque chose de considérable, pour peu qu'il soit disposé à reconnaître tes services. » Le licencié, quand nous arrivâmes dans sa chambre, avait encore

tout son bon sens. La dame Jacinte, le visage baigné de pleurs de
commande, était auprès de lui. Elle venait de jouer son rôle et de
préparer le bonhomme à lui faire beaucoup de bien. Nous laissâmes
le notaire seul avec mon maître, et passâmes, elle et moi, dans
l'antichambre, où nous rencontrâmes le chirurgien que le médecin
envoyait pour faire une nouvelle et dernière saignée. Nous l'arrê-
tâmes. « Attendez, maître Martin, lui dit la gouvernante, vous ne
sauriez entrer présentement dans la chambre du seigneur Sedillo. Il
va dicter ses dernières volontés à un notaire qui est avec lui; vous
le saignerez tout à votre aise quand il aura fait son testament. »

Nous avions grand'peur, la béate et moi, que le licencié ne mourût
en testant; mais, par bonheur, l'acte qui causait notre inquiétude se
fit. Nous vîmes sortir le notaire qui, me trouvant sur son passage,
me frappa sur l'épaule et me dit en souriant : « On n'a point oublié
Gil Blas. » A ces mots, je ressentis une joie toute des plus vives; et
je sus si bon gré à mon maître de s'être souvenu de moi, que je me
promis de bien prier Dieu pour lui, après sa mort qui ne manqua
pas d'arriver bientôt; car, le chirurgien l'ayant encore saigné, le
pauvre vieillard, qui n'était déjà que trop affaibli, expira presque
dans le moment. Comme il rendait les derniers soupirs, le médecin
parut, et demeura un peu sot, malgré l'habitude qu'il avait de dé-
pêcher ses malades. Cependant, loin d'imputer la mort du chanoine
à la boisson et aux saignées, il sortit en disant d'un air froid qu'on
ne lui avait pas tiré assez de sang ni fait boire assez d'eau chaude.
L'exécuteur de la haute médecine, je veux dire le chirurgien, voyant
aussi qu'on n'avait plus besoin de son ministère, suivit le docteur
Sangrado, l'un et l'autre disant que, dès le premier jour, ils avaient
condamné le licencié. Effectivement, ils ne se trompaient presque
jamais, quand ils portaient un pareil jugement.

Sitôt que nous vîmes le patron sans vie, nous fîmes, la dame
Jacinte, Inésille et moi, un concert de cris funèbres qui fut entendu
du tout le voisinage. La béate surtout, qui avait le plus grand sujet
de se réjouir, poussait des accents si plaintifs, qu'elle semblait être
la personne du monde la plus touchée. La chambre, en un instant,
se remplit de gens, moins attirés par la compassion que par la curiosité. Les parents du défunt n'eurent pas plutôt vent de sa mort,
qu'ils vinrent fondre au logis et faire mettre le scellé partout. Ils
trouvèrent la gouvernante si affligée, qu'ils crurent d'abord que le
chanoine n'avait point fait de testament; mais ils apprirent bientôt,
à leur grand regret, qu'il y en avait un, revêtu de toutes les forma-

lités nécessaires. Lorsqu'on vint à l'ouvrir, et qu'ils virent que le
testateur avait disposé de ses meilleurs effets en faveur de la dame
Jacinte et de sa petite fille, ils firent son oraison funèbre dans des
termes peu honorables à sa mémoire. Ils apostrophèrent en même
temps la béate, et firent aussi quelque mention de moi. Il faut
avouer que je le méritais bien. Le licencié, devant Dieu soit son
âme ! pour m'engager à me souvenir de lui toute ma vie, s'expli-
quait ainsi pour mon compte, par un article de son testament :
« Item, puisque Gil Blas est un garçon qui a déjà de la littérature,
« pour achever de le rendre savant, je lui laisse une bibliothèque ;
« tous mes livres et mes manuscrits, sans aucune exception. »
  J'ignorais où pouvait être cette prétendue bibliothèque ; je ne
m'étais point aperçu qu'il y en eût dans la maison. Je savais seulement qu'il y avait quelques papiers, avec cinq ou six volumes, sur
deux petits ais de sapin, dans le cabinet de mon maître : C'était là
mon legs. Encore les livres ne me pouvaient-ils être d'une grande
utilité : l'un avait pour titre le *Cuisinier parfait;* l'autre traitait de
l'indigestion et de la manière de la guérir ; et les autres étaient les
quatre parties du bréviaire, que les vers avaient à demi rongées.
A l'égard des manuscrits, le plus curieux contenait toutes les pièces
d'un procès que le chanoine avait eu autrefois pour sa pébende.
Après avoir examiné mon legs avec plus d'attention qu'il n'en méritait, je l'abondonnai aux parents qui me l'avaient tant envié. Je
leur remis même l'habit dont j'étais revêtu et je repris le mien,
bornant à mes gages le fruit de mes services. J'allai chercher ensuite une autre maison. Pour la dame Jacinte, outre les sommes
qui lui avaient été léguées, elle eut encore de bonnes nippes, qu'à
l'aide de son bon ami elle avait détournées, pendant la maladie du
licencié.

CHAPITRE III

Gil Blas s'engage au service du docteur Sangrado, et devient
un célèbre médecin.

Je résolus d'aller trouver le seigneur Arias de Londona, et de choisir, dans son registre, une nouvelle condition; mais, comme j'étais près d'entrer dans le cul-de-sac où il demeurait, je rencontrai le docteur Sangrado, que je n'avais point vu depuis le jour de la mort de mon maître, et je pris la liberté de le saluer. Il me remit dans le moment, quoique j'eusse changé d'habit; et, témoignant quelque joie de me voir : « Eh! te voilà, mon enfant, me dit-il, je pensais à toi tout à l'heure. J'ai besoin d'un bon garçon pour me servir, et je songeais que tu serais bien mon fait, si tu savais lire et écrire. » — « Monsieur, lui répondis-je, sur ce pied-là je suis donc votre affaire, car je sais l'un et l'autre. » — « Cela étant, reprit-il, tu es l'homme qu'il me faut. Viens chez moi, tu n'y auras que de l'agrément; je te traiterai avec distinction. Je ne te donnerai point de gages; mais rien ne te manquera. J'aurai soin de t'entretenir proprement, et je t'enseignerai le grand art de guérir toutes les maladies. En un mot, tu seras plutôt mon élève que mon valet. »

J'acceptai la proposition du docteur, dans l'espérance que je pourrais, sous un si savant maître, me rendre illustre dans la médecine. Il me mena chez lui sur-le-champ, pour m'installer dans l'emploi qu'il me destinait; et cet emploi consistait à écrire le nom et la demeure des malades qui l'envoyaient chercher pendant qu'il était en ville. Il y avait pour cet effet, au logis, un registre dans lequel une vieille servante, qu'il avait pour tout domestique, marquait les adresses; mais, outre qu'elle ne savait point l'orthographe, elle écrivait si mal, qu'on ne pouvait, le plus souvent, déchiffrer son écriture. Il me chargea du soin de tenir ce livre, qu'on pouvait justement appeler un registre mortuaire, puisque les gens dont je prenais les noms mouraient presque tous. J'inscrivais, pour ainsi parler, les personnes qui voulaient partir pour l'autre monde, comme un commis, dans un bureau de voiture publique, écrit le nom de ceux qui retiennent des places. J'avais souvent la plume à la main, parce qu'il n'y avait point, en ce temps-là, de médecin, à Valladolid, plus accrédité que le docteur Sangrado. Il s'était mis en réputation dans le public par un verbiage spécieux, soutenu d'un air imposant, et par quelques cures heureuses qui lui avaient fait plus d'honneur qu'il ne méritait.

Il ne manquait pas de pratique, ni par conséquent de bien. Il n'en faisait pas toutefois meilleure chère : on vivait chez lui très-frugalement. Nous ne mangions d'ordinaire que des pois, des fèves, des pommes cuites ou du fromage. Il disait que ces aliments étaient les plus convenables à l'estomac, comme étant les plus propres à la trituration, c'est-à-dire à être broyés plus aisément. Néanmoins, bien qu'il les crût de facile digestion, il ne voulait point qu'on s'en rassasiât; en quoi, certes, il se montrait fort raisonnable. Mais s'il nous défendait, à la servante et à moi, de manger beaucoup, en récompense il nous permettait de boire de l'eau à discrétion. Bien loin de nous prescrire des bornes là-dessus, il nous disait quelquefois : « Buvez, mes enfants; la santé consiste dans la souplesse et l'humectation des parties. Buvez de l'eau abondamment; c'est un dissolvant universel; l'eau fond tous les sels. Le cours du sang est-il ralenti, elle le précipite; est-il trop rapide, elle en arrête l'impétuosité. » Notre docteur était de si bonne foi sur cela, qu'il ne buvait jamais, lui-même, que de l'eau, bien qu'il fût dans un âge avancé. Il définissait la vieillesse une phthisie naturelle qui nous dessèche et nous consume; et, sur cette définition, il déplorait l'ignorance de ceux qui nomment le vin le lait des vieillards. Il soutenait que le vin les use et les détruit, et disait fort éloquemment que cette liqueur funeste est pour eux, comme pour tout le monde, un ami qui trahit et un plaisir qui trompe.

Malgré ces doctes raisonnements, après avoir été huit jours dans cette maison, il me prit un cours de ventre, et je commençai à sentir de grand maux d'estomac, que j'eus la témérité d'attribuer au dissolvant universel et à la mauvaise nourriture que je prenais. Je m'en plaignis à mon maître, dans la pensée qu'il pourrait se relâcher et me donner un peu de vin à mes repas; mais il était trop ennemi de cette liqueur pour me l'accorder. « Quand tu auras formé l'habitude de boire de l'eau, me dit-il, tu en connaîtras l'excellence; au reste, poursuivit-il, si tu te sens quelque dégoût pour l'eau pure, il y a des secours innocents pour soutenir l'estomac contre la fadeur des boissons aqueuses. La sauge, par exemple, et la véronique, leur donnent un goût délectable; et, si tu veux les rendre encore plus délicieuses, tu n'as qu'à y mêler de la fleur d'œillet, du romarin ou du coquelicot. »

Il avait beau vanter l'eau et m'enseigner le secret d'en composer des breuvages exquis, j'en buvais avec tant de modération, que, s'en étant aperçu, il me dit: « Eh! vraiment, Gil Blas, je ne m'étonne point si tu ne jouis pas d'une parfaite santé; tu ne bois pas assez, mon ami. L'eau prise en petite quantité ne sert qu'à développer les parties de la bile et qu'à leur donner plus d'activité; au lieu qu'il les faut noyer dans un délayant copieux. Ne crains pas, mon cher enfant, que l'abondance de l'eau affaiblisse ou refroidisse ton estomac; loin de toi cette terreur panique que tu te fais peut-être de la boisson fréquente! Je te garantis de l'événement; et, si tu ne me trouve pas bon pour t'en répondre, Celse même t'en sera garant. Cet oracle latin fait un éloge admirable de l'eau: ensuite il dit en termes exprès que ceux qui, pour boire du vin, s'excusent sur la faiblesse de leur estomac, font une injustice manifeste à ce viscère, et cherchent à couvrir leur sensualité. »

Comme j'aurais eu mauvaise grâce de me montrer indocile en entrant dans la carrière de [la médecine, je fis semblant d'être persuadé qu'il avait raison; j'avouerai même que je le crus effectivement. Je continuai donc à boire de l'eau, sur la garantie de Celse, ou plutôt je commençai à noyer la bile en buvant copieusement de cette liqueur, et quoique, de jour en jour, je m'en sentisse incommodé, le préjugé l'emportait sur l'expérience. J'avais, comme l'on voit, une heureuse disposition à devenir médecin. Je ne pus pourtant résister toujours à la violence de mes maux, qui s'accrurent à un point, que je pris, enfin, la résolution de sortir de chez le docteur Sangrado; mais il me chargea d'un nouvel emploi qui me fit changer de sentiment. « Écoute, me dit-il un jour, je ne suis point de ces maîtres durs et ingrats, qui laissent vieillir leurs domestiques dans la servitude, avant que de les récompenser. Je suis content de toi, je t'aime; et, sans attendre que tu m'aies servi plus longtemps, j'ai pris la résolution de faire ta fortune, dès aujourd'hui; je veux, tout à l'heure, te découvrir le fin de l'art salutaire que je professe depuis tant d'années. Les autres médecins en font consister la connaissance dans mille sciences pénibles; et moi, je prétends t'abréger un chemin si long, et t'épargner la peine d'étudier la physique, la pharmacie, la botanique et l'anatomie. Sache, mon ami, qu'il ne faut que saigner et faire boire de l'eau chaude: voilà le secret de guérir toutes les maladies du monde. Oui, ce simple secret que je te révèle, et que la nature, impénétrable à mes confrères, n'a pu dérober à mes observations, est renfermé dans ces deux points : dans la saignée et dans la boisson fréquente. Je n'ai plus rien à t'apprendre, tu sais la médecine à fond ; et, profitant du fruit de ma longue expérience, tu deviens tout d'un coup aussi habile que moi. Tu peux, continua-t-il, me soulager présentement ; tu tiendras, le matin, notre registre, et, l'après-midi, tu sortiras pour aller voir une partie de mes malades. Tandis que j'aurai soin de la noblesse et du clergé, tu iras pour moi dans les maisons du tiers-état, où l'on m'appellera ; et, lorsque tu auras travaillé quelque temps, je te ferai agréger à notre corps. Tu es savant, Gil Blas, avant que d'être médecin ; au lieu que les autres sont longtemps médecins, et la plupart toute leur vie, avant que d'être savants. »

Je remerciai le docteur de m'avoir si promptement rendu capable de lui servir de substitut ; et, pour reconnaître les bontés qu'il avait pour moi, je l'assurai que je suivrais toute ma vie ses opinions, quand même elles seraient contraires à celles d'Hippocrate. Cette assurance pourtant n'était pas tout à fait sincère. Je désapprouvais son sentiment sur l'eau, et je me proposais de boire du vin tous les jours, en allant voir mes malades. Je pendis au croc, une seconde fois, mon habit brodé pour en prendre un de mon maître, et me donner l'air d'un médecin. Après quoi, je me disposai à exercer la médecine aux dépens de qui il appartiendrait. Je débutai par un alguazil qui avait une pleurésie : j'ordonnai qu'on le saignât sans miséricorde, et qu'on ne lui plaignît point l'eau. J'entrai ensuite chez un pâtissier à qui la goutte faisait pousser de grands cris. Je ne ménageai pas plus son sang que celui de l'alguazil, et j'ordonnai qu'on lui fît boire de l'eau de moment en moment. Je reçus douze réaux pour mes ordonnancs ; ce qui me fit prendre tant de goût à la profession, que je ne demandai plus que plaies et bosses. En sortant de la maison du pâtissier, je rencontrai Fabrice, que je n'avais point vu depuis la mort du licencié Sedillo. Il me regarda longtemps avec surprise ; puis il se mit à rire de toute sa force, en se tenant les côtés. Ce n'était pas sans raison : j'avais un manteau qui traînait à terre, avec un pourpoint et un haut-de-chausses quatre fois plus longs et plus larges qu'il ne fallait. Je pouvais passer pour une figure originale et grotesque. Je le laissai s'épanouir la rate, non sans être tenté de suivre son exemple ; mais je me contraignis, pour garder le *decorum* dans la rue, et mieux contrefaire le médecin, qui n'est